Zu diesem Buch

Daß es Freundschaft zwischen Männern und Frauen nicht geben kann, sagt der Volksmund. Daß sie eine Spielart der Liebe ist, sagt ein französischer Dichter. Daß man die platonische Liebe in unserem versauten Zeitalter nicht unterschätzen solle, sagt Nina Hagen.

Der Verzicht auf Sexualität, nicht aber auf erotische Spannungen, macht eine Freundschaft zwischen einem Mann und einer Frau besonders reizvoll. Karin Mönkemeyer und Inge Nordhoff erzählen Geschichten von solchen Freundschaften und erkunden in vielen Gesprächen, welche Bedeutung sie für die Beteiligten haben.

Karin Mönkemeyer, Jahrgang 1948, Diplomvolkswirtin, arbeitete als Redakteurin bei verschiedenen Zeitschriften. u.a. «Capital» und «Unser Kind». Sie ist Autorin mehrerer Bücher, z.B. «Wie Kinder Freunde werden» (rororo 8577).

Inge Nordhoff, Jahrgang 1943, Germanistin und Romanistin. Sie ist publizistisch tätig und arbeitet als Redakteurin im Velber Verlag und des Pro Familia-Magazins. Sie ist Autorin von «Erste Liebe» (rororo 7359) und «Wenn Mädchen die Pille wollen» (rororo 7930).

Karin Mönkemeyer / Inge Nordhoff

Ein platonisches Verhältnis

Freundschaften
zwischen Männern und Frauen

Rowohlt

rororo zu zweit

Lektorat Barbara Wenner

Originalausgabe
Veröffentlicht im Rowohlt Taschenbuch Verlag GmbH,
Reinbek bei Hamburg, Oktober 1990
Copyright © 1990 by Rowohlt Taschenbuch Verlag GmbH,
Reinbek bei Hamburg
Umschlaggestaltung Nina Rothfos / Barbara Hanke
Gesetzt aus der Sabon (Linotronic 500)
Gesamtherstellung Clausen & Bosse, Leck
Printed in Germany
980-ISBN 3 499 18749 3

Inhalt

(Die mit einem * gekennzeichneten Kapitel stammen von Inge Nordhoff, die mit einem ° gekennzeichneten Teile von Karin Mönkemeyer.)

Vorwort   7

**Ein ganz besonderes Verhältnis –
Freundschaften zwischen Männern und Frauen**   11

Platonische Verhältnisse oder neue Lust am Triebverzicht*   13
   Vom «Wegwerf-Sex» zur «neuen Keuschheit» *   15
   Die Sehnsucht nach einer neuen Unschuld *   21
Gelebte Erfahrungen – Chancen, Bedürfnisse und Konflikte°   25
   Ein Ausweg aus dem traditionellen Rollenverständnis?°   25
   Seelenverwandtschaften°   30
   Der große Unterschied: Freundespaare – Liebespartner°   34
   Tröstliche Nähe °   40
   *Freundespaare I: Lou Andreas-Salomé und
   Rainer Maria Rilke°*   41

Spielarten platonischer Verhältnisse°   43

Wie Mutter und Sohn°   47
   Freundespaare II: Clara Schumann und Johannes Brahms°   53
Wie Vater und Tochter°   58
Wie Bruder und Schwester°   64
   *Freundespaare III:
   Johann Wolfgang Goethe und Charlotte von Stein°*   68
Jakob und Adele – Freundschaft im Alter°   72
   Freundespaare IV: George Sand und Gustave Flaubert°   77

Das platonische Verhältnis als historischer Zwang –
ein Exkurs° 79
    Freundespaare V: Kathi Fröhlich und Grillparzer° 80
Wenn aus Liebe ein platonisches Verhältnis wird* 83
    Nach der Trennung* 84
    Der Sex geht, die Liebe bleibt* 91
    *Freundespaare VI: Simone de Beauvoir und
Jean-Paul Sartre** 95

**Erotische Anziehung unter Freunden –
ein delikater Schwebezustand*** 99

Fragile Balance oder starres Gleichgewicht?* 107
    Der Reiz des Unausgelebten* 111
    Verzicht aus freiem Willen* 116
Die Tücken der Idealisierung* 123
Platonisch, aber nicht für alle Zeiten* 133
Unbequem, doch unvermeidbar: Eifersucht° 142

Anmerkungen 153

Vorwort

Das gibt es doch gar nicht – ein platonisches Verhältnis zwischen Mann und Frau. Die Liebe, die Sexualität kommen doch immer wieder dazwischen. Eine weitverbreitete Meinung.

Ziel unseres Buches ist es, dieses Vorurteil zu widerlegen. Wir, zwei Autorinnen unterschiedlicher Provenienz und mit unterschiedlichem Erfahrungshintergrund, haben auf Tagungen, Seminaren, in Selbsterfahrungsgruppen oder auf Reisen und auch im eigenen Erleben festgestellt: Es gibt sie doch, die Freundschaft zwischen Mann und Frau, die das sexuelle Begehren ausschließt und dennoch eine Fülle reizvoller Facetten birgt.

Aus welchen unterschiedlichen Motiven gehen Männer und Frauen freundschaftlich aufeinander zu? Was bedeutet für sie der dabei selbstgewählte Triebverzicht, wiegt er womöglich gar nicht so schwer, wie uns Werbestrategen im Zeitalter der Beate Uhse suggerieren möchten? Ist er überhaupt immer nötig? Oder gibt es nicht auch Freundschaften zwischen Mann und Frau, für die die sexuelle Dimension bedeutungslos ist, weil sie wesentlich geistig-seelische Beziehungen sind?

Wie lange kann ein platonisches Verhältnis bestehen? Unter welchen Bedingungen gedeiht es und wo liegen seine Gefährdungen? Karin Mönkemeyer gab den Anstoß: Als Autorin bereits in Fragen der Freundschaft bewandert, wollte sie das anfangs erwähnte Vorurteil gründlich widerlegen. So kam es, daß wir etwa ein Jahr lang Männer und Frauen aus unserem Freundes- und Bekanntenkreis, aber auch Zufallsbekanntschaften und Menschen, die wir nach dem Schneeballprinzip kennenlernten, zu diesem Thema interviewt haben: von 17 bis über 70, von der jungen Verkäuferin zum Zivildienstleistenden; von der Studentin zur pensionierten Lehrerin; von der Hausfrau und dem Hausmann zur Juristin und zum Therapeuten. Dabei machten wir die erstaunliche Erfahrung, daß alle unsere Gesprächspartner und -partnerinnen, ob alleinlebend oder zu zweit, ob geschieden oder frisch verliebt, von einem oder gar von mehreren platonischen Verhältnissen zu berichten wußten. Eine uns faszinierende Fülle verschiedener Spielarten kam zutage und ein uns überraschender, zum Teil leidenschaftlicher Mitteilungsdrang.

Wir wollen mit diesem Buch keinem neuen Trend das Wort reden, auch nicht jenem «keuschen Vergnügen», das neuerdings in Frankreich en vogue ist. Und doch, es scheint uns an der Zeit, nach dem unübersehbaren Abflauen der seit den sechziger Jahren hochgespülten Sexwelle die Begegnung zwischen Mann und Frau neu zu überdenken, neue Dimensionen des Menschlichen jenseits sexueller Verhaltensmuster in den Blick zu rücken.

Wertschätzung und Anerkennung der Identität des anderen, uneigennütziger Umgang miteinander, Loyalität, Gleichrangigkeit und wechselseitige Ergänzung, emotionale Befriedigung und liebevolle Zuneigung – dies sind wesentliche Bestandteile eines platonischen Verhältnisses, das die alten Griechen als seligen Zustand priesen, erreichbar durch Maß und Vernunft. Auch Eros – so die platonische Philosophie – ist mit im Spiel, als treibende Kraft in allen menschlichen und nichtmenschlichen Dingen, als beglückende Lebensenergie. Eine Erkenntnis, die ein zweites Vorurteil widerlegt: nämlich die oft gehörte Annahme, wenn etwas zwischen zwei Menschen «rein platonisch» sei, dann habe das einen höchst kümmerlichen Wert.

Auch dieses Vorurteil wollen wir entkräften, unter anderem, indem wir anhand einiger Beispiele erzählen, wie in früheren Jahrhunderten diese besondere Beziehungsform zwischen Männern und Frauen ausgesehen hat: eine oft aufregende Balance zwischen Leidenschaft und Verzicht, zwischen künstlerischer Produktivität und wechselseitiger Inspiration.

Bei der Beschäftigung mit diesem Thema haben wir eine eigentümliche Beobachtung gemacht: Es gibt massenhaft Studien über die Liebe, über die Leidenschaft, über die Sexualität, über die Ehe, über die Familie — es fehlt jedoch eine moderne Theorie der Freundschaft. Während Freundschaft in anderen Kulturen einen hohen Stellenwert hat — in einigen Naturvölkern zum Beispiel wird sie durch Riten und Zeremonien in das soziale Gefüge eingebunden —, so scheint sie in der Anonymität der Industriegesellschaft kaum einen Platz zu haben. Mobilität, Leistungsdruck, Gewinnstreben und der trotz wachsender Freizeit immer wieder beklagte Zeitmangel, oft nur eine unkontrollierte Zerstreuung von Energien, entfernen die Menschen von sich selbst. Innige Freundschaft, die der Pflege bedarf, der Anteilnahme und der Muße, erscheint fast als ein Anachronismus in unserer Wegwerfgesellschaft. Dennoch: Jenseits aller unverbindlichen Freundlichkeiten, so meinen wir, lohnt es sich, sie zu entdecken. Die in diesem Buch erzählten Geschichten wollen dazu anregen.

Karin Mönkemeyer
Inge Nordhoff

Ein ganz besonderes Verhältnis –
Freundschaften zwischen Männern und Frauen

Platonische Verhältnisse
oder Neue Lust am Triebverzicht

> «Freundschaft zwischen Mann und
> Frau ist schwierig und genauge-
> nommen eine Abart der Liebe.»
> *Jean Cocteau*

Freundschaften zwischen Männern und Frauen sind ganz besondere Beziehungen. Daß sie anders sind als Liebesbeziehungen, versteht sich. Daß sie sich von reinen Männer- oder Frauenfreund-
schaften unterscheiden, liegt an der erotischen Spannung, die auch
platonische Verhältnisse in sich haben. Die Anziehung der
Geschlechter, den Beteiligten oft nicht bewußt, manchmal absicht-
lich verborgen, kann diese Freundschaften ungewöhnlich reizvoll
machen.

Die sexuelle Spannung wird nicht ausgelebt; körperliche Hingabe und Lust gibt es nicht im platonischen Verhältnis, wohl aber
Zärtlichkeit und herzliche Zuwendung. Heute, in Zeiten der sexuellen Liberalisierung, ist eine solche Begegnung der Geschlechter unter Ausschluß von Geschlechtlichkeit keineswegs selbstverständlich, fast wirkt sie anachronistisch.

Und dennoch: Es gibt sie, diese engen und verbindlichen, von
Vertrauen und Verständnis geprägten Freundschaften zwischen
Männern und Frauen. Wir sind bei der Arbeit an diesem Buch sehr
vielen Menschen begegnet, die solche Freundschaften pflegen und
– allem Gerede vom altmodischen Triebverzicht zum Trotz – sehr
wohl zu genießen wissen.

Gewiß, heute, da die elementarsten Kämpfe im Verhältnis der Geschlechter durchfochten sind, ist es leichter, miteinander auf dem «neutralen» Boden der Freundschaft umzugehen. Früher, noch zu Beginn des 20. Jahrhunderts, war die freundschaftliche Beziehung von Mann und Frau eine Ausnahme, nur wenigen Querdenkern möglich, die sich nicht von Moralkodex und Tabus einschüchtern ließen. Ein elementares Selbstbewußtsein und die Möglichkeit individueller Selbstbestimmung, beides unverzichtbare Voraussetzungen für wahre Freundschaften, waren bis vor nicht allzu langer Zeit fast ausnahmslos männliche Privilegien. Weibliche Erziehung und Sozialisation verhinderten es in der Regel, daß Frauen jene Autonomie entwickeln konnten, auf deren Basis unkonventionelle, freundschaftliche Beziehungen zum anderen Geschlecht überhaupt erst entstehen.

Heute ist das glücklicherweise anders. Die Rolle der Frau hat sich in vielerlei Hinsicht geändert, die Chancen, dem Mann selbstbewußt gegenüberzutreten, sind – von einer Reihe immer noch bestehender Benachteiligungen abgesehen – gewachsen. Jenseits überkommener Stereotypen und gesellschaftlich vermittelter Zwänge sind Mann und Frau dabei, ihre Rollen zu überdenken und neu zu definieren. Selbst die kämpferischen Töne der Frauenbewegung sind allmählich verklungen. Frauen sind bereit, den Mann mit neuen Augen zu betrachten. Neue Umgangsformen der Geschlechter sind ins Blickfeld gerückt, dazu gehört die Freundschaft, um die es in diesem Buch geht.

Bewegen Männer und Frauen die gleichen Sehnsüchte, Bedürfnisse und Wünsche, wenn sie ein platonisches Verhältnis eingehen? Diese Frage beschäftigt uns vor allem. Dabei erschien es uns lohnend, auch einen Blick in die Vergangenheit zu werfen. Der Wissensvorsprung der Nachgeborenen läßt es zu, die Geschichten, deren Ausgang für die Beteiligten oft aufregend, manchmal zermürbend ungewiß war, ausführlich zu verfolgen. Platonische Verhältnisse müssen nicht zwangsläufig entweder zerbrechen oder sich in Liebesbeziehungen verwandeln – für diese These gibt es in der Geschichte zahlreiche Beispiele.

So paradox es klingen mag: Die strengeren Sitten früherer Jahrhunderte, insbesondere des Spätbürgertums, erleichterten in gewisser Hinsicht den Umgang der Geschlechter miteinander: Grenzen und die damit verbundenen Spielregeln waren so genau abgesteckt, daß sie nur unter größten Mühen und aufwendigen Finessen zu umgehen waren. Allzu verständlich deshalb die erste Euphorie, die «die sexuelle Revolution» der 68er Jahre auslöste. Doch wie wir heute wissen, hat das damals auftauchende Gefühl (scheinbar) grenzenloser Freiheit bei weitem nicht das erhoffte Glück gebracht. Die angeblich so problemlose Herbeiführbarkeit ewiger Lust hat sich an der Realität totgelaufen; das Miteinander der Geschlechter ist viel komplizierter, aber vielleicht auch auf andere Weise lustvoller, als man noch vor einem Jahrzehnt glaubte.

Lernen, «sich dem anderen Geschlecht mit einer neuen Unschuld zu nähern» – dieses Postulat des amerikanischen Therapeuten und Philosophen Sam Keen wäre unseren Vorfahren vermutlich verrückt erschienen. Heute aber wirft es eine hochaktuelle Frage auf, nämlich, wie denn ein platonisches Verhältnis zwischen Mann und Frau aussehen und Gestalt werden kann.

Männer, Frauen, Paare verschiedenen Alters haben wir danach gefragt. Dabei erschien es uns sinnvoll, noch einmal die Veränderungen unserer Einstellung zur Sexualität in den letzten beiden Jahrzehnten ins Bewußtsein zu rufen.

Vom «Wegwerf-Sex» zur «neuen Keuschheit»

«Es war ein blödes Mißverständnis», erzählt Benjamin, 21 Jahre alt, Zivildienstleistender in einem Altersheim. «Ich fand mal eine Frau ganz toll, und sie mich wohl auch. Sie sah in mir wohl hauptsächlich den netten, verständnisvollen Gesprächspartner, dem sie alles anvertrauen konnte. Eines Tages, nach einer Feierei, sind wir dann morgens um drei ins Bett gegangen. Und anschließend war alles aus zwischen uns beiden. Da haben wir keine drei Worte mehr miteinander geredet, das war plötzlich wie tot, da gab es keine Chance mehr zwischen uns...»

Erst später, bei einem zufälligen Treffen, haben Benjamin und «diese Frau», ein 17jähriges Mädchen, das «blöde Mißverständnis» geklärt. «Es war ganz einfach so», sagt Benjamin: «Sie hat gedacht, ich würde was von ihr wollen. Ich habe gedacht, sie würde was von mir wollen; wir dachten beide, wir müßten das mal ausleben. Und im Grunde wollten wir das beide nicht. Es war kein großes Vergnügen zwischen uns; es war eher unangenehm; peinlich, ein schales Gefühl, ein Katzenjammer. Seit dieser Erfahrung passe ich ganz schön auf, daß mir so etwas nicht noch mal passiert...»

Benjamin, einer unserer jüngsten Interviewpartner, ist alles andere als ein Draufgänger. Er wirkt sanft, nachdenklich, sensibel, ein junger Mann in Turnschuhen und weitem Pullover, schlaksig. Er ist ein aufmerksamer, wacher Zuhörer, im Freundeskreis gilt er als der Philosoph, der Tiefschürfende, der Grübler, der vieles in Frage stellt.

Wie kam es zu jenem Mißverständnis, das offensichtlich einer Freundschaft ein Ende setzte? Ein kurzer Blick auf Benjamins Lebensgeschichte mag das Erlebnis in jener Nacht erhellen:

Benjamin, in Berlin geboren, ist ein typisches Kind der 68er Jahre. Seine Eltern, damals engagiert in der Studentenbewegung, hatten gemeinsam mit anderen einen antiautoritären Kinderladen gegründet, in dem Benjamin ohne Zwänge, ohne Tabus, ohne Angst vor dem anderen Geschlecht aufwuchs. Benjamin: «Wir sind da immer nackt rumgesprungen; wir haben unsere Körper gegenseitig bemalt; wir haben Farborgien gefeiert; alles lief völlig easy zwischen Junge und Mädchen ab...»

Die älteren unter uns erinnern sich gut an jene bürgerschreckende Zeit, in der die sogenannte «Zweite sexuelle Revolution» ausgerufen wurde. War es bei der «Ersten sexuellen Revolution» um die Durchsetzung der Liebesehe gegangen, so wurde diesmal überkommenen Sexualnormen der Kampf angesagt: Der Sex sollte aus der dunklen Sphäre des Geheimnisvollen, des Sündigen, des Verbotenen ans Licht treten. Ein lustvoller spielerischer Umgang mit dem Sex wurde proklamiert, ohne diesen verfluchten genitalen Ernst, ohne die schicksalsträchtige Endgültigkeit, mit der es in den vorangegangenen Jahrzehnten zwischen Mann und Frau, durch Trauschein legitimiert, zum «Letzten» kam.

«Wer zweimal mit derselben pennt, gehört schon zum Establishment», dieser inzwischen legendäre Wahlspruch der 1966 in Berlin gegründeten «Kommune 1» trat an gegen «repressive Zweierbeziehungen», gegen «bürgerliches Besitzdenken in Beziehungen»; Monogamie und Treue wurde der Kampf angesagt.

Heute macht es den Eindruck, als hätte die Weltgesundheitsorganisation (WHO) die Bestrebungen der «kulturrevolutionären» Studenten durch eine flankierende Maßnahme unterstützt, indem sie im selben Jahr die Pille für gesundheitlich unbedenklich erklärte.

Einer der geistigen Väter der Bewegung war der Psychoanalytiker und Sexualpädagoge Wilhelm Reich (1897–1957). Mit seinem Buch *Die Funktion des Orgasmus*[1] hatte er bereits 1927 einen geschlossenen und eindringlich geschriebenen Entwurf vom neuen Menschen vorgelegt. Reich führte alle seelischen Störungen auf eine Beeinträchtigung der «sexuellen Spannungsabfuhr» im Orgasmus beim heterosexuellen Koitus zurück. Durch die sexuelle Befreiung der Geschlechter sei zugleich eine politische Befreiung möglich. In einer befreiten Gesellschaft, so glaubte Reich, würde es keine Neurosen mehr geben. An der Stärke und Intensität des Orgasmus meinte er Reife und Gesundheit des Menschen messen zu können.

Was ist daraus geworden? Einer der scharfsinnigsten Beobachter unserer Zeit, der in Berlin lebende Autor Botho Strauß, zeigt die kläglichen Grenzen der Reichschen Theorie. Er beschreibt in seinem Buch *Paare Passanten* das glatte Funktionieren einer eingespielten «Körperfreundschaft»:

«Von Zeit zu Zeit, wenn ihr eben danach ist, sucht sie einen gutgekleideten, kräftigen Burschen auf, und er ist meist für sie da. Sie muß dafür nicht bezahlen. Sie sind Körperfreunde. Sie wissen wenig voneinander, nichts Tieferes vom Lebensweg des anderen, nur eben soviel, wie man in Zigarettenpausen spricht und dann leicht vergißt. So wird es getan, genauso wie es in tausend Magazinen schon beschrieben und sogar empfohlen wurde. So vorbildlich helfen sich hier zwei, die es vorziehen, allein und ungebunden zu leben. Vor dem Haus streichelt sie dem Mann in seinen weißen Hosen zum Abschied über

die Wange. Weich und dankbar sieht es aus, lebensklug und nicht fri-
vol. Eine umfassende Gebärde gleichwohl für die lasche Güte und die
Auswegsfülle, in der mittlerweile das Lieben abseits der Liebe verläuft.
Wir haben es hier eher zu tun mit einer liberal-demokratischen Ein-
richtung, chaoslos und angstfrei, die Liebe dem Guten untergeordnet,
domestiziert und der Freiheit gewidmet.»[2]

Funktionstüchtige Körper, die zueinander finden, während die
Menschen sich fremd bleiben – das hat mit befreiter Sexualität so
viel zu tun wie eine Kontaktanzeige in der Zeitung mit dem *Ho-*
henlied der Liebe in der Bibel, resümiert Ingrid Kolb in ihrem Buch
Das Kreuz mit der Liebe.[3] In dieser von Gefühlen gesäuberten, so
effektiv – im Sinne von Potenz und Orgasmusfähigkeit –, so rational daherkommenden Sexualität, wie Botho Strauß sie in der Begegnung der Körperfreunde beschreibt, findet sich nichts von der
gesellschaftlichen Sprengkraft der Sexualität, die sich die 68er Generation erhoffte.

Möglicherweise ist man damals von falschen Voraussetzungen
ausgegangen. Die Sexualwissenschaftler jedenfalls zerbrechen
sich seit etwa 100 Jahren die Köpfe darüber, wie Sexualität überhaupt funktioniert. Dabei kommen sie, abhängig vom jeweiligen
Zeitgeist, immer wieder zu anderen Ergebnissen. Die «Geburt»
der wissenschaftlich fundierten Sexualforschung wurde gegen
Ende des 19. Jahrhunderts von dem Psychiater Richard von
Krafft-Ebing eingeleitet:

«Ohne Zweifel hat der Mann ein lebhafteres geschlechtliches Bedürf-
nis als das Weib. Folge leistend einem mächtigen Naturtrieb, begehrt
er von einem gewissen Alter an ein Weib. Er liebt sinnlich, wird in
seiner Wahl bestimmt durch körperliche Vorzüge. Dem mächtigen
Drange der Natur folgend, ist er aggressiv und stürmisch in seiner
Liebeswerbung. Gleichwohl füllt das Gebot der Natur nicht sein
ganzes psychisches Dasein aus. Ist sein Verlangen erfüllt, so tritt seine
Liebe temporär hinter anderen vitalen und sozialen Interessen zu-
rück.
Anders das Weib. Ist es geistig normal entwickelt und wohlerzogen,
so ist sein sinnliches Verlangen ein geringes. Wäre dem nicht so, so
müßte die ganze Welt ein Bordell und Ehe und Familie undenkbar

sein. Jedenfalls sind der Mann, welcher das Weib flieht, und das Weib, welches dem Geschlechtsgenuß nachgeht, abnorme Erscheinungen...»[4]

aka, siehe Kultur, nicht Natur

Bisweilen irritiert die Vorstellung vom «mächtigen Drang der Natur», der unsere Großmütter noch erbeben ließ, heute noch die Geschlechter, vor allem, wenn sie einer etwas älteren Generation angehören. Das ist in vielen unserer Interviews immer wieder deutlich geworden.

Zum Beispiel Elke, 51 Jahre alt, Büroangestellte: «Meine Mutter hat immer gesagt: Paß auf, die Männer wollen doch immer nur das eine! Und das belastet mich. Ich kenne zum Beispiel eine ganze Reihe von Männern, von denen ich überhaupt nie etwas will, und ich glaube auch, daß diese Männer von mir nie etwas wollen. Aber verdammt, wenn ich mit denen allein in einem Zimmer sitze, habe ich so ein unangenehmes Gefühl, ich bin nicht mehr unbefangen. Dieses ‹Ich denke – Er denkt – Ich denke›, das heizt die Atmosphäre unglaublich negativ auf zwischen den Geschlechtern. In unserer Gesellschaft herrscht eben immer noch das Vorurteil: Wenn Männer und Frauen aneinander Interesse haben, dann ist das primär auch ein sexuelles Interesse.»

Während die neue Generation, zu der auch Benjamin gehört, auch mal «blöde Mißverständnisse» riskiert und durch Versuch und Irrtum die eigenen Bedürfnisse versucht kennenzulernen, treten die Älteren gelegentlich vorzeitig auf die Bremse.

Karin, 54 Jahre, Reisejournalistin: «Ich erinnere mich in diesem Zusammenhang an Hans, eine platonische Jugendliebe. Der reiste mir sogar nach Kopenhagen nach. Er hat sich aber geweigert, obgleich nur noch ein Hotelzimmer mit zwei Betten da war, dieses mit mir zu beziehen. Dabei standen die zwei Betten auch noch ganz weit auseinander! Bei dem war so viel an verinnerlichten Normen über das, was zwischen Mann und Frau zu laufen hätte, daß er sich einfach nicht vorstellen konnte, ruhig mit einer Frau wie mir in einem Zimmer zu schlafen, selbst bei riesengroßem Abstand der Betten. Er glaubte wohl, daß da irgend etwas zwischen uns zu geschehen hätte!»

19

Unter den vielen Theorien und wissenschaftlichen Erklärungen der Sexualität hielten Laien wie Fachleute lange Zeit an einem Konzept vom Trieb fest, der wie ein Dampfkessel auf dem Feuer funktioniert. Der Hamburger Sexualwissenschaftler Gunter Schmidt beschreibt es so:

> «Das Individuum steht ständig unter ‹Dampf›, starkem sexuellem Druck, dessen unkontrolliertes Ausströmen mit viel Gegenkraft abzupanzern und zu unterdrücken ist. Nur ein kontrolliertes Dampfablassen ist – den Männern – gelegentlich erlaubt, ein Kanalisieren von Energien, um Schlimmeres zu verhüten. Die Wucht der unterdrückten Sexualität macht Angst, Angst vor explosionsartigen Entladungen, Triebdurchbrüchen, die Individuum und Gesellschaft bedrohen und zerstören können. Die mühsam gezügelten, weggedrängten sexuellen Wünsche werden zu einem fremden Teil im Menschen, und dieses Fremde, Abgespaltene war der Trieb. Er führte ein kaum zu bändigendes, bedrohliches Eigenleben; ein Tier, im Käfig einzuschließen, aber beständig ausbruchsbereit und gefährlich – und von einer unentrinnbaren Anziehungskraft.»[5]

Die frühbürgerlichen Tabus machen die Sexualität zu einem ungeheuerlichen Monster. Damit es nicht ausbricht, muß es in Schach gehalten werden. Im prüden viktorianischen England des 18. und 19. Jahrhunderts mußte selbst das Fußstück eines Pianos mit einer Spitzendecke drapiert werden. Denn die sonst mögliche Assoziation an ein nacktes Damenbein galt als obszön, als unschicklich, vermutlich auch als aufreizend.

Und heute? Da braucht nichts mehr drapiert zu werden. Nackt und bloß sind der männliche und weibliche Körper überall sichtbar, in Zeitschriften und Filmen, im Aufklärungsunterricht der Schulen, auf der Mattscheibe und «in echt». In der Sauna hocken Männlein und Weiblein, einander fremd, einträchtig nebeneinander auf der Holzbank, vornehmlich mit der Beobachtung eigener Schweißtropfen beschäftigt; in Wohngemeinschaften leben junge Menschen geschwisterlich beisammen, ohne Angst vor plötzlichen Triebeinbrüchen oder Dampfkesselexplosionen.

Dietrich, 30 Jahre, Grafiker: «Ist doch klar, daß meine Mitbewohnerin und ich kein großes Geheimnis aus uns machen. Manchmal frühstücken wir, noch halb bekleidet, zusammen, oder wir huschen mal eben nackt über den Flur ins Badezimmer. Nur wenn die Eltern zu Besuch kommen, passen wir ein bißchen auf…»

Zweifellos ein Fortschritt. Anstelle der falschen Scham ist eine neue Natürlichkeit getreten, die Geheimnisse von einst haben sich aufgelöst. Bedeutet aber das nicht auch ein Stück Entzauberung, einen Spannungsverlust?

Die Sehnsucht nach einer neuen Unschuld

Die Welt der Erotik mit all dem Unsagbaren, Bestürzenden, rational nicht Faßbaren, ist durch das ständige Darüber-Reden in Gefahr, entzaubert zu werden. Heute werden Kinder schon in der Schule mit einem überaus rationalen Umgang mit Sexualität konfrontiert. Es gibt Material für den Aufklärungsunterricht in Hülle und Fülle, Rollbilder mit den «Beckenorganen des Weibes», Ton-Dia-Shows, zerlegbare Unterleiber, Aufklärungskoffer und dergleichen mehr. All dies, im Zuge sexualpädagogischer Reformmaßnahmen, ist zweifellos gut gemeint. Und doch, sagt eine von uns befragte Religionslehrerin, «hängt den Schülern dieses ‹Kopf-Gewichse› oft schon zum Halse heraus». Neulich hat sie in einer zehnten Klasse, wo «die Jungs über die geilsten Stellungen genau Bescheid wissen», das mittelalterliche Gedicht *Ich bin dein, du bist mein, des sollst du gewiß sein* durchgenommen. Keine Langeweile, kein Gelächter. Im Gegenteil. «Selbst die rüdesten Jungen mit den tätowiertesten Armen, die von zu Hause die härtesten Videos kennen, haben da große Augen gekriegt und gefragt, ob sie das mitschreiben dürfen…»

Hat nach der Stunde der Sexualität womöglich wieder die Stunde der Liebe geschlagen? Im Leben jedes Individuums gibt es meist unterschiedliche Phasen, wechselnd zwischen Expansion und Rückzug, zwischen Experimentierlust und Selbstbeschränkung, zwischen Ausgeben und Sparen. Ähnliche Bewegungen scheint die gesellschaftliche Entwicklung von Sexualität zu vollziehen. Seit etwa zehn Jahren schwappt aus den USA eine neue Mode zu uns herüber: eine neue Welle des Mönchtums. Aus San Francisco kommt der Millionenbestseller der amerikanischen Psychotherapeutin Gabriele Braun *Der neue Zölibat*.[6] Und schon ist die Rede von blühenden Jünglingen, die in sexualwissenschaftlichen Vorlesungen mutig bekennen: I am a virgin – Ich bin eine männliche Jungfrau.[7]

Auch aus dem traditionellen Land der Liebe, aus Frankreich, hört man neue Töne: *Le plaisir chaste – Das keusche Vergnügen –* heißt ein vielbeachtetes Buch, in dem ein junger Wissenschaftler namens Jan de Keroguen die Freuden einer «innigen Liebe auf Distanz» feiert.[8] Vom «Bumszwang» der 68er Jahre zur «neuen Keuschheit»? Abgesehen von der Bedrohung durch Aids, erleben wir gegenwärtig ein Aufbegehren gegen manchmal erbarmungslosen Leistungs- und Konformitätsdruck, den uns die sexuelle Liberalisierung auferlegt hat. «In einer sexbesessenen Kultur sind unsere Bedürfnisse so stark sexualisiert worden, daß für uns eine Zeit freiwilliger Enthaltsamkeit erforderlich ist, um herauszufinden, welche Leidenschaften wir haben, die nicht mit Sexualität zusammenhängen», sagt der eingangs schon zitierte Sam Keen. «Ich muß mich dem anderen Geschlecht mit einer neuen Unschuld, im Bewußtsein meines Unwissens, in einem Akt der geschlechtlichen Reue nähern.»[9]

Neue Keuschheit, Unschuld, Enthaltsamkeit, sexuelle Reue – kann man mit solchen Postulaten die Uhren sexuellen Fortschritts wieder zurückdrehen? Klingt da nicht auch biblisches Glockengeläut mit, etwa in dem Sinne: Tut Buße, denn das Himmelreich ist nahe? …Gewiß, Nachdenklichkeit im Umgang mit den zur Zeit geltenden Werten und Normen ist angesagt. Doch wie man es auch dreht und wendet, um eine elementare Erkenntnis kommt man nicht herum: «die» Sexualität des Menschen gibt es nun einmal nicht. Sie ist nichts Angeborenes; sie ist nicht Natur, sondern Kultur. Das heißt, sie ist veränderlich. Sie hängt eng zusammen mit den jeweils herrschenden historischen Entwicklungen und kulturellen Bedingungen.

Vielleicht ist es kein Zufall, daß ausgerechnet eine Frau, die französische Philosophin Elisabeth Badinter, in ungewöhnlicher Klarsicht und Radikalität diese Zusammenhänge analysiert und daraus eine Vision entwirft für das, was sie die neue Beziehung zwischen Mann und Frau nennt. In ihrem Buch *Ich bin Du* läutet sie ein neues Zeitalter ein.[10] Ihre optimistisch klingende These: Nach 4000 Jahren Herrschaft des Patriarchats hat sich in den westlichen Ländern in den letzten zwanzig, dreißig Jahren ein tiefgreifender Wandel vollzogen. Mann und Frau sind dabei, die ihnen traditionell zugewiesenen «trennenden und isolierenden Räume und Rollen zu verlassen». Das Jahrtausende geltende Prinzip der Komplementarität wird abgelöst vom Prinzip der Gleichheit. Gegensätze lösen sich auf; die Ähnlichkeiten werden größer.

Rausch, Leidenschaft, Ekstase – diese und andere Wallungen werden von Madame Badinter als nicht mehr zeitgemäß deklariert und in die Kammer der gestrigen Gefühle gesperrt: «Die Leidenschaft ist dabei, auszusterben, ebenso wie der sinnliche Rausch. In unserer Ethik der Schmerzvermeidung ist für die Risiken des Leidens kein Platz.»[11] Ist die androgyne Revolution, von der die französische Philosophin spricht, erst vollzogen, so tritt anstelle des Idealbildes einer Liebesbeziehung ein anderes Leitbild – das der auf Gegenseitigkeit basierenden Freundschaft. Zärtlichkeit, Zuneigung, Brüderlichkeit, Vertrautheit wären ihre wichtigsten Komponenten.

In platonischen Verhältnissen von Mann und Frau, mit denen wir uns in diesem Buch beschäftigen und die auf den ersten Blick im Zeitalter der sexuellen Befreiung so altmodisch anmuten, läßt sich unter dieser Perspektive eine neue, hoffnungsvolle Qualität der Geschlechterbeziehung entdecken. Noch einmal soll Elisabeth Badinter zu Wort kommen: «Man ist nicht so sehr daran interessiert, den anderen zu beherrschen und zu besitzen, als vielmehr daran, daß er einen liebt, beschützt, tröstet, versteht und daß er einem verzeiht.»[12]

Das klingt, als könne in Freundschaften von Männern und Frauen die androgyne Revolution vorweggenommen werden, als sei die Vision der Elisabeth Badinter bereits avant la lettre vielfach Wirklichkeit geworden. Ganz sicher aber liegt hierin eine Erklärungsmöglichkeit für die schier unerschöpfliche Faszination, die Männer und Frauen in platonischen Freundschaften füreinander empfinden.

Gelebte Erfahrungen –
Chancen, Bedürfnisse und Konflikte

Selbstverständlich fragten wir uns und unsere Gesprächspartner und -partnerinnen: Welche Motive bewegen Männer und Frauen dazu, sich auf ein platonisches Verhältnis einzulassen? Welche Erfahrungen machen sie – positive wie negative? Welche Bedürfnisse werden durch ein freundschaftliches Verhältnis der Geschlechter eigentlich abgedeckt, welche bleiben ungestillt?

Wir sprachen mit alten wie mit ganz jungen Menschen, die in den unterschiedlichsten Berufen arbeiten, die grundverschiedene Lebenseinstellungen und Anschauungen vertreten. In den langen, manchmal sehr vertraut werdenden Unterhaltungen lernten wir unsere Gesprächspartner und -partnerinnen als eigenständige Persönlichkeiten mit Vorzügen, Schwierigkeiten und kleinen Ticks kennen und schätzen. Zu unserer Überraschung stimmten ihre Einschätzungen in vielen grundsätzlichen Dingen überein. Bezeichnenderweise werden die Eigenarten einer Freundschaft zwischen Männern und Frauen in erster Linie in Abgrenzung zu Liebesbeziehungen beschrieben.

Ein Ausweg aus dem traditionellen Rollenverständnis?

Der Wandel der Geschlechterrollen hat sich vor allem in veränderten Einstellungen niedergeschlagen; Männer halten es heute zum Beispiel wesentlich häufiger als früher ebenso wie Frauen für erstrebenswert, die Arbeitsteilung in einem gemeinsamen Haushalt gleichberechtigt zu gestalten. Doch zeigt sich, daß die guten Vorsätze einer reibungslosen Routine in der Alltagsorganisation allzu

25

oft zum Opfer fallen. Im täglichen Kampf um Kleinigkeiten – «Wer kauft ein, wer wäscht ab und wer holt die Kleinen vom Kindergarten ab» – ist es auch beim besten Willen der Beteiligten unglaublich schwierig, sich über grundsätzlichere Fragen zu verständigen. Kommen solche allgemeinen Themen überhaupt auf den Tisch, setzen sich in den Debatten nicht selten eingespielte Beziehungskleinkriege fort. Und das ist nicht unbedingt auf den Zustand einer individuellen Liebesbeziehung zurückzuführen, vielmehr ist das ein Zeichen dafür, daß die Verunsicherung im Rollenverständnis ein riesiges Konfliktpotential für Partnerschaften darstellt.

Die Freundschaft bietet ein wesentlich neutraleres Terrain – dort können Männer wie Frauen ihre persönlichen Auffassungen von Männlichkeit oder Weiblichkeit ausprobieren, darstellen, ohne gleich den Lebenspartner zu irritieren und ihre oder seine Macht- und Durchsetzungsansprüche abwehren zu müssen. Unsere Gesprächspartner bestätigten fast ausnahmslos, daß die Verständigung über männliches und weibliches Rollenverständnis in den platonischen Verhältnissen wesentlich konstruktiver und anregender verläuft als in den jeweiligen Liebesbeziehungen, da Auseinandersetzungen sachlicher bleiben und nicht so leicht in verletzliche Streitigkeiten ausarten.

Bei unserer Suche nach platonischen Verhältnissen trafen wir auf Mara (21 Jahre) und Norbert (27 Jahre). Norbert ist Hausmann. Er versorgt die jetzt dreijährigen Zwillinge Steffen und Rupert. Gerhild, seine Frau, ist Juristin. Die beiden haben sich im Studium kennengelernt und sind dann zusammengezogen. Als die Kinder kamen, hatte Gerhild ihr Examen bereits mit Bravour bestanden. Norbert steckte noch im sechsten Semester. Sie bekam auf Anhieb eine gute Stellung. Also übernahm er erst einmal die Aufgaben zu Hause. Vor etwa einem Jahr lernte Norbert Mara kennen. Auf dem Spielplatz. Er war gerade mit seinen Söhnen dort angekommen, als sie ein kleines Mädchen entdeckten, das allein im Sandkasten saß und lustlos buddelte. Ihre Mutter hatte auf der Bank gesessen und gelesen. Steffen war damals gleich auf das Mädchen zugegangen. Sekunden später tobte die kleine Julia mit Steffen, Rupert und Norbert über den Platz.

«Plötzlich hörte ich mein Kind vor Vergnügen juchzen», erzählt Mara. «Ich erschrak richtig, denn so fröhlich hatte ich Julia noch nie erlebt. Ich hatte auch gleich so was wie ein schlechtes Gewissen. Denn ich hatte als Kind schon nie schön spielen können, und so kann ich es auch heute mit Julia nicht. Und in diesem Augenblick damals auf dem Spielplatz, da spürte ich: Das fehlt dem Kind!»

Mara erinnert sich weiter: «Schließlich raffte ich mich auf, ging zu Norbert und den Kindern. Nach wenigen Worten waren wir uns einig: Wir wollten uns von jetzt ab häufiger auf dem Spielplatz treffen. Und das taten wir dann auch.» Mehr und mehr spielten die Kinder allein, wollten gar keinen Erwachsenen mehr dabeihaben. Dann saßen Mara und Norbert auf der Bank, sahen zu und klönten.

«Zuerst sprachen wir vor allem darüber, warum ich mich nicht in ein Spiel versetzen könne», berichtet Mara. «Mir wurde schnell klar», fällt Norbert ihr ins Wort, «Mara ist eine starke naturwissenschaftliche Begabung. Schon in der Schule hat sie geglänzt. Mathe, Physik, Chemie, Biologie – alles eins. Und weil sie ihren Kopf immer nur in die Bücher steckte, hatte sie für andere Mädchen gar keine Zeit. Die hatten ohnehin andere Interessen. So hatte Mara früher nie eine Freundin.»

«Alle haben immer gesagt», berichtet Mara, «ich hätte lieber ein Junge werden sollen. Auch meine Mutter. Ich höre es heute noch: ‹Mach dich doch endlich mal ein bißchen weiblicher!› Oder: ‹Kannst du dich nicht einmal wie eine junge Dame verhalten?› Oh, wie habe ich das gehaßt, daß mich niemand so wollte, wie ich war, sondern immer nur so, wie eine Frau aus was weiß ich für Gründen eigentlich sein sollte!»

In den Gesprächen mit Norbert wurde ihr deutlich: Auch Norbert entspricht nicht den traditionellen Erwartungen an die Rolle, die ein Mann in der Familie spielen sollte. Er versorgt die Kinder, hält die Wohnung in Schuß, kocht, während seine Frau den Lebensunterhalt für die Familie verdient. «Eigentlich geht es Norbert ganz ähnlich wie mir», stellt Mara nachdenklich fest. «Nur leidet er nicht an der Kluft, die zwischen den Erwartungen an einen Mann und seiner Realität klafft. Ja, zu so einer Gelassenheit gegenüber den mir verhaßten Vorurteilen möchte ich auch kommen, dachte ich damals. Mit Norbert könnte ich das erreichen, mit Norbert als Freund.»

Mara steht nicht allein mit ihrer Schwierigkeit, ihre eigene weibliche Rolle zu finden. Die traditionellen Rollenstereotypen sind in ihrer ehemals unangefochtenen Gültigkeit erschüttert, und (noch?) gibt es keine neuen, verbindlichen Orientierungen. Vielmehr ist es Sache jeder Frau, jedes Mannes, für sich allein oder in einer Paarbeziehung ein individuelles Arrangement zu treffen. Hier gibt es keine vorgefertigten Lösungen, keine Rezepte. So gesehen sind Maras Probleme symptomatisch.

Frauen können sich, von den eingeschränkten Möglichkeiten auf dem Arbeitsmarkt einmal abgesehen, für beinahe jeden Beruf entscheiden. Das ist wichtig. Noch wichtiger aber ist: Moderne Verhütungsmittel versetzen Frauen in die Lage, autonomer als jemals zuvor zu entscheiden, ob sie Mutter werden wollen oder nicht. Frauen müssen sich nicht mehr widerspruchslos einem biologisch unausweichbaren Schicksal unterwerfen. Sie haben ihr Leben in ihre eigenen Hände genommen.

Die schon zitierte Pariser Philosophin Elisabeth Badinter folgert: «Die gesellschaftlichen Fixpunkte verflüchtigen sich, die Geschlechtsrollen sind nicht mehr starr vorgegeben, die Frauen können sich dafür entscheiden, nicht Mutter zu werden, und so wird es immer schwieriger, klar zu erfassen, worin der spezifische Unterschied zwischen dem einen und dem anderen besteht...»[13]

Damit behauptet Badinter, daß es im Grunde keinen prinzipiellen Unterschied zwischen Frau und Mann gibt, daß das nur eine Frage von Mehr oder Weniger sei. Wobei die Autorin davon ausgeht, daß diese Tendenz bei manchen Persönlichkeiten stärker als bei anderen wahrzunehmen sei. Neben den Grundtypen männlich und weiblich gibt es Madame Badinter zufolge eine große Zahl von Zwischentypen und damit keine klare Grenze zwischen den Geschlechtern.

Unserer Überzeugung nach wird ein weiteres Kennzeichen der veränderten weiblichen Lebenssituation die Philosophin zu dieser

These veranlaßt haben: Selbst wenn sich eine Frau dafür entscheidet, Mutter zu werden, vielleicht sogar mehrere Kinder zu haben, wenn sie dann eine längere Zeit nicht erwerbstätig ist, so verbringen heute doch die meisten Frauen einen Teil ihres Lebens in der Arbeitswelt. So haben auch Frauen, die auf die traditionell weibliche Erfahrung der Mutterschaft nicht verzichten wollen, die Möglichkeit, sich in dem früher dem anderen Geschlecht vorbehaltenen Bereich auszuprobieren und produktiv zu sein.

Das heißt, sie haben brachliegende Fähigkeiten zu entwickeln, die lange Zeit zum Repertoire männlicher Eigenschaften gehörten. Es heißt also auch für Frauen, wo nötig, sich durchzusetzen, Streitlust an den Tag zu legen, komplizierte Sachverhalte mit klarem Kopf zu analysieren, führungskräftig zu sein, Konflikte zu riskieren und durchzustehen, auch das eigene Interesse im Auge zu haben und nicht immmer das des anderen. Was als «männlich», was als «weiblich» gilt, das ist kulturell, durch den Prozeß der Sozialisation, geformt. Es wird einem nicht einfach, so der lange behauptete Trugschluß, mit den Hormonen in die Wiege gelegt…

Auch unser Vaterbild hat sich verändert. Väter führen heute eine viel intensivere Beziehung mit ihren Kindern als früher: Viele wehren sich dagegen, ausgeschlossen zu werden aus dem Problemkreis Familie und vor allem der Erziehung. Elisabeth Badinter meint auch diese im Alltag spürbaren Entwicklungen, wenn sie pointiert formuliert: Auch «hat die ausdrückliche Absage an das Leitbild des Kriegers zu einem veränderten männlichen Identitätsgefühl sicherlich ebenso beigetragen wie zu einer anderen Einschätzung der Männer durch die Frauen»[14]. Die Philosophin kommt zu dem Ergebnis: Ein ganz neuer Mensch sei im Begriff zu entstehen, der androgyne Mensch, nämlich einer, der männliche und weibliche Eigenschaften in sich vereint.

Die Rollenunsicherheit, über die wir hier schon mehrfach sprachen, ist sicherlich auch darauf zurückzuführen, daß Frauen ihre männlichen und Männer ihre weiblichen Anteile bewußter denn je wahrnehmen. Da Freundschaften von klassischen Rollenerwartungen weitgehend entlastet sind, können Persönlichkeitsanteile, die quer zur traditionellen Rollenerwartung liegen, ohne Angst vor Sanktionen ausgelebt werden. So berichteten uns unsere Gesprächspartner vielfach, daß sie sich in ihren platonischen Verhältnissen mit dem Selbstverständnis als Mann bzw. als Frau wesentlich intensiver als mit den jeweiligen Lebenspartnern auseinandersetzen und verständigen können.

Für Mara war die Freundschaft zu Norbert ungeheuer hilfreich. Ihr Partner, der Vater der kleinen Julia, ist den traditionellen Vorstellungen von den Rollen der Geschlechter noch sehr verhaftet. Anders Mara selbst – sie meinte, jeder müßte ihre Begabung und ihr Recht, diese zu entfalten, anerkennen. Aber erst durch Norbert wurde ihr klar, wie stark sie in ihrem Selbstwertgefühl noch von dem abhängig ist, was andere von ihr halten und erwarten. Mara hat in der Begegnung mit Norbert die Notwendigkeit erfahren, sich erst aus dieser Abhängigkeit lösen zu müssen, bevor sie die Rolle wirklich leben kann, die ihrem Ich offenbar näherkommt.

Seelenverwandtschaften

Selbstverständlich tragen Freundschaften zwischen Männern und Frauen nicht allein dazu bei, eine eigene weibliche bzw. männliche Identität zu entwickeln. In unseren Gesprächen machten wir die Beobachtung, daß die gegenseitige Achtung und Akzeptanz aller Teile der Persönlichkeit des anderen das Fundament der meisten Beziehungen darstellen.

Die von freundschaftlicher Sympathie getragene Begegnung mit dem anderen Geschlecht prägt die gesamte Persönlichkeitsentwicklung entscheidend mit.

Peter, 32 Jahre alt und wissenschaftlicher Mitarbeiter an einem philosophischen Institut, hätte vor fünfzig Jahren kaum die Chance gehabt, bei seiner Arbeit auf eine Frau zu treffen, der das Denken ebensolche Lust ist wie ihm selbst. Er erzählt: «Ich habe eine Kollegin seit fünf Jahren, mit der ich gut befreundet bin. Was unsere Freundschaft ausmacht, ist unter anderem auch, daß wir so gut zusammenarbeiten können. Wir kommunizieren auf eine bestimmte Art und Weise miteinander, bei Sachproblemen finden wir oft eine intelligente oder auch unkonventionelle Lösung. Wir haben festgestellt, daß es bestimmte Parallelen in unserem Denken gibt. Wir sind uns intellektuell attraktiv geworden.»

Peter hält das für eine Voraussetzung dafür, daß diese Frau ihm bei der eigenen Selbstfindung weiterhelfen konnte: «Zur Selbstfindung gehört immer auch ein Objekt der Selbstbestimmung. Man lernt sich ja nicht kennen, indem man in sich hineinschaut, sondern dadurch, daß man sich in Beziehung setzt zu anderen Menschen oder historischen Ereignissen. Aufarbeitung der Vergangenheit heißt auch immer Selbstbestimmung der Gegenwart. Ich halte es deshalb für sehr wichtig, daß die Anziehungskraft in einer guten Freundschaft immer erörtert wird.»

Das Verständnis füreinander beruht, so wurde oft von unseren Gesprächspartnern betont, auf einer intellektuellen und geistigen Übereinstimmung. Das meint nicht eine reibungsfreie Pseudoharmonie, sondern so etwas wie einen Gleichklang der Gefühle und des Denkens, der die Bereitschaft zu konstruktiven Kontroversen einschließt.

Jede Freundschaft ist eine Wahlverwandtschaft. Die meisten Menschen suchen sich Freunde aus, die ihnen geistig nahestehen. Diese Nähe verbindet und garantiert ein Grundverständnis und eine Grundakzeptanz. Auch bei Freundschaften zwischen Männern und Frauen ist das nicht anders. Manche unserer Gesprächspartnerinnen und -partner redeten sogar ausdrücklich von dieser Seelenverwandtschaft, bei anderen schwangen solche Vorstellungen stets mit.

Angela sagt von ihrer Freundschaft mit dem um 24 Jahre älteren Heiner: «Das Tolle ist: Wir sind geistig irgendwie verwandt. Nur ist er mir eben um einiges voraus. Er ist erfahrener als ich, reifer, hat viel mehr gemacht in seinem Leben und vor allen Dingen viel mehr gelesen. Ich knapse zum Beispiel an irgendeinem Problem herum, philosophiere über Gott und die Welt, über die Politik, kann es aber immer noch nicht so recht formulieren. Dann treffe ich auf Heiner, erzähle ihm völlig chaotisch meine Gedanken, und er kann alles mit wenigen Sätzen auf den Punkt bringen. Absolut Spitze für mich.»

Der 34jährige Stefan sieht dieses Phänomen noch ein wenig

differenzierter. Von seiner platonischen Freundin Veronika erzählt er: «Umgehend nach unserem Kennenlernen haben wir uns zu dritt, mein Freund Helmut und sie, zu einem Essen verabredet. Daraus ist dann eine Nacht geworden bis morgens um vier. Das war die Grundsteinlegung unserer Beziehung, da hat es sich sofort vertieft und intensiviert. Seitdem haben wir uns oft getroffen. Jedesmal sind Abende daraus geworden, die bis in den Morgen gingen. Interessante Gespräche. Belebend, bereichernd. Diese Tiefe, die Veronika diesen Gesprächen verleihen kann, ist immer faszinierend für mich. Wir sind noch nie auseinandergegangen, ohne das Gefühl, daß das wertvoll und bereichernd war. Noch nie haben wir zusammen eine verlorene Stunde verbracht. Es geht um Kunst, politische Bereiche, gesellschaftliche Probleme, um Anthroposophie und um Philosophie. Die gemeinsame Liebe zu diesen Bereichen bindet uns aneinander. Wir gehen oft zusammen ins Theater, ins Konzert, in Kunstausstellungen, wir reden anschließend darüber und haben dabei oft gleiche Empfindungen: Es war Mist – oder: Es war schön! Auch in der Beurteilung von anderen Menschen haben wir oft die gleiche Wellenlänge.»

Die Seelenverwandtschaft kann sich im alltäglichen Umgang nur unter einer Voraussetzung bewähren: Die Beteiligten müssen sich trotz grundsätzlicher Übereinstimmung und trotz ihrer Zuneigung als zwei Individuen erleben mit unterschiedlichen Meinungen, Neigungen und Normvorstellungen. Freundschaft kann nur bestehen, wenn es nicht zu einer Art Verschmelzung oder zur totalen Identifikation kommt.

Das ist gerade Inga bewußt. Sie ist 44 Jahre alt und Gestalttherapeutin. Seit Jahren ist sie mit ihrem Kollegen Klaus befreundet. Sie erzählt: «Neulich habe ich mit Klaus starken Ärger gehabt wegen seines dusseligen Tennis. Dauernd sitzt er vor der Glotze, um sich Übertragungen vom Tennis anzusehen. Ich habe ihm klar gesagt, daß ich Sorge habe, daß er durch dieses übertriebene Interesse Wesentliches in der Welt gar nicht mehr sieht, daß Tennis zum Ersatz werden könnte. Es war mir ein ganz starkes Bedürfnis, ihm das im Interesse unserer Freundschaft einmal ganz massiv zu sagen. Ich fürchtete wirklich, daß Tennis und dazu sein übertriebener Schönheitssinn eine Wertigkeit bekommen, die – von meinem ethischen Gefühl und meinem sozialen Engagement her betrachtet – nicht berechtigt ist.»

Linette, 73 Jahre, pensionierte Lehrerin, hat sogar spürbar Freude an ihren Auseinandersetzungen mit ihrem Freund Harald. Sie begeistert sich: «Ja, und dann können wir beide herrlich strei ten! Ich streite für mein Leben gern, weil ich dabei so richtig toll die Meinung des andern herauskitzeln kann. Harald ist ein Chauvi, ich halte dann immer meine feministischen Ansichten dagegen. Dadurch sind unsere Gespräche immer unerhört lebendig und vital. Streitend kann man immer wieder neue Standpunkte finden und man lernt, an einer Sache weiterzudenken. Streiten ist ja auch eine Form des Sich-miteinander-Reibens, den andern ernst und wichtig nehmen und nicht einfach so mit seiner Meinung stehenlassen.»

Ein Streit erhellt den eigenen Standpunkt ebenso wie den des anderen. Manchem erscheint es paradox, aber es stimmt: Viele Beziehungen gehen deshalb kaputt, weil man «um des lieben Frieden willen» seine Meinung unterdrückt, bis der Kessel eines Tages am Überdruck explodiert. Eine Beziehung ist nicht, wie viele meinen, an dieser Explosion, sondern schon im Moment des Verzichts auf notwendige Auseinandersetzung gescheitert. Wer Auseinandersetzungen scheut, hat meist nicht das Vertrauen in den anderen, das Voraussetzung für eine Freundschaft ist.

Oft fehlt Frauen gerade gegenüber Männern das für eine Freundschaft nötige Grundvertrauen. Inga, die Gestalttherapeutin, erzählt aus den Anfängen ihrer Freundschaft zu Klaus:

«Zuerst war ich total begeistert von seiner Frau, ihn habe ich kaum wahrgenommen. Meine Freundschaft zu ihm ist dann im Laufe von fast neun Jahren sehr, sehr langsam gewachsen. Heute finde ich ihn einen der tollsten Männer – außer Karsten.» Karsten ist Ingas Mann. Daß Klaus für sie zunächst im Hintergrund blieb, ist verständlich: «Ich habe nämlich Männern gegenüber ein generelles Mißtrauen», erklärt Inga. «Nicht nur aufgrund meiner Biographie – mein Vater verließ meine Mutter und mich frühzeitig –, sondern aufgrund von meinen Erfahrungen, daß Männer eine narzißtische Wunde haben, daß sie starke Frauen nur über Abwertung aushalten können. Ich hüte mich, mich ihnen gegenüber zu öffnen, weil ich schon erlebt habe, daß sie solche Chancen nutzen, mir eins reinzuhauen.»

Klaus gegenüber konnte Inga dieses Mißtrauen nach und nach abbauen. «Zunehmend spürte ich seine grundsätzliche Wertschätzung. Darum konnte ich ihm auch immer mehr zuhören. Er kann mich fachlich kritisieren. Ich weiß, daß er mit mir um die Sache kämpft, nicht gegen mich. Er kann mir sogar auf sehr einleuchtende Weise nahebringen, warum sich jemand anders über mich empört hat. Er hat es nie nötig gehabt, mich abzuwerten, denn er ist einer, der selbst groß werden kann. Und das weiß er auch. Er schätzt mich als starke Frau. Und trotzdem weiß er, wie schutzbedürftig, wie anlehnungsbedürftig ich manchmal bin.»

Inga und Klaus können Freunde sein. Sie geben einander von ihren Stärken ab und können sich darum auch ihre Schwächen anvertrauen. Sie ergänzen sich, regen sich an, unterstützen sich gegenseitig.

Der große Unterschied: Freundespaare – Liebespartner

Schon des öfteren ist hier die Bedeutung angeklungen, die bestehende Liebesbeziehungen für die freundschaftlichen Bindungen haben. Umgekehrt beeinflußt ein platonisches Verhältnis selbstverständlich auch die Partnerschaft. Alle unsere Gespräche bestätigten unsere Vermutung, daß sich in diesem Beziehungsdreieck (oder -viereck) eine intensive soziale Dynamik entwickeln kann. Fast jeder wußte eine Geschichte vom alten Elend der Eifersucht zu erzählen... Wir werden uns mit diesem Aspekt im weiteren noch ausführlich beschäftigen.

Auch wenn sich zwei Partner gut verstehen, sind und bleiben sie doch zwei Individuen mit unterschiedlichen Interessen. Glücklicherweise ist es für moderne Paare zur Selbstverständlichkeit geworden, die Individualität auszuleben und nicht einer Zwangsharmonie zu opfern. So beispielsweise Thorsten, der die Theaterleidenschaft seiner Lebensgefährtin nicht teilt, so daß Beate sich entschloß, ihrer Leidenschaft zusammen mit ihrem guten Freund zu frönen. Wenn Beate Thorsten zuliebe ihr Interesse vernachlässigen würde, würde sie das als eine ganz und gar unnötige Beschränkung erfahren.

Robert Musil nannte die Liebe einmal «das gesprächigste aller Gefühle», Niklas Luhmann schreibt in seinem Buch *Liebe als Passion*: «Liebende (können) endlos miteinander reden, ohne sich etwas zu sagen zu haben.» [15] Das Phänomen, sich andauernd und nachhaltig miteinander, mit den Höhen und Tiefen der gegenseitigen Gefühle beschäftigen zu können, ist vielen Liebespaaren vertraut. Freundespaare haben mit dieser emotionalen Selbstbezogenheit nicht zu kämpfen, die psychische «Innenwelt» ist weniger aufgeladen. Deshalb bleibt ihnen mehr Raum dazu, sich gemeinsam mit Dingen zu beschäftigen, die sie interessieren.

Der achtzehnjährige Frank, der Astrid liebt und mit Tina befreundet ist, die er bereits aus einer Kleinkindspielgruppe kennt, differenziert bewußt zwischen den unterschiedlichen Gefühlslagen: «Wenn ich mit Astrid ins Kino gehe, gehen wir, weil wir etwas Schönes miteinander erleben wollen. Was wir sehen, ist eigentlich Wurscht. Wir sehen und hören das alles ohnehin so, als bezöge sich das auf uns. Und wir fühlen uns wohl dabei. Mit Tina dagegen gehe ich ins Kino, wenn wir beide Lust auf denselben Film haben, was oft vorkommt. Hinterher können wir uns endlos darüber streiten. Das ist wunderbar. Tina sieht eben vieles ganz anders als ich.»

Viel schärfer kann man den Unterschied zwischen diesen beiden Formen von Zweierbeziehungen wohl kaum fassen, zumal wenn man achtzehn Jahre ist und noch so manche Zwischentöne fehlen. Jedenfalls ist mit Händen greifbar: Immer wieder geht es um die Frage von Nähe und Distanz, um unterschiedliche Wahrnehmungen von «Ich» und Welt.

Auch lassen sich Defizite der Liebesbeziehung durch Freundschaften ausgleichen, etwa wenn der Partner oder die Ehefrau beruflich stark beansprucht ist und nur wenig Zeit für gemeinsame Unternehmungen bleibt. Dafür ist die Beziehung von Birgit und

Dirk ein gutes Beispiel. Dirk will Steuerberater werden und büffelt seit langem auch in seiner Freizeit für sein Examen. Seine Verlobte hat Mark im Sportverein kennengelernt, froh, jemanden zu finden, den sie mag und der sich wie sie brennend für Leichtathletik interessiert.

Dirk nämlich läßt jeder Sport «total cool», wie Birgit sagt. Und dann haben Birgit und ihr platonischer Freund Mark noch ein gemeinsames Hobby entdeckt: Sie mögen beide dieselbe Musik, eine Musik, die Dirk «tierisch auf die Nerven geht». Mark spielt hervorragend Saxophon, und Birgit hört ihm sehr gern zu.

Ohne ihren Freund Mark wäre Birgit in großen Teilen ihrer Freizeit allein. Mit Mark teilt sie ihre Freude oder auch ihre Enttäuschung, die aufkommen bei Sieg und Niederlage im Sport, mit ihm kann sie ihre Gefühle austauschen, die sie empfindet beim Hören von Musik. Sicher wäre Birgit ohne ihre Freundschaft zu Mark weniger tolerant.

Freundschaften können sich also durchaus stabilisierend auf die jeweiligen Partnerschaften auswirken. Selbstverständlich funktioniert das nur, wenn die Liebesbeziehungen einigermaßen intakt sind: Freundschaften mit einem anderen Mann oder einer anderen Frau sollten nicht zur Kompensation von Partnerproblemen mißbraucht werden.

Nun hat sich gezeigt, daß die Verständigung über Beziehungsschwierigkeiten eine ausnehmend wichtige Rolle in beinahe allen platonischen Verhältnissen spielt. Frauen schätzen es sehr, über die Konflikte in ihrer Partnerschaft mit einem guten Freund sprechen zu können. Auch Männern geht es nicht anders. Kaum eine Frau, die nicht das Gefühl kennt, die Männer einfach nicht zu verstehen. Kaum ein Mann, dem seine Frau nicht schon einmal als «das unbekannte Wesen» erschienen ist. Mit Hilfe der Freundin oder des Freundes kann man versuchen, den Konflikt einmal aus der weiblichen bzw. männlichen Perspektive zu betrachten.

Genauer schildert uns das Barbara, die ihren platonischen Freund Axel kennenlernte, als sie 28 Jahre alt war. Heute besteht diese Freundschaft schon gut zwölf Jahre. Und Barbara resümiert: «Wir haben volles Vertrauen zueinander. Ich kann ihm wirklich alles erzählen, also auch meine Intimgeschichten. Es ist mir sehr wichtig, daß ich mit Axel darüber sprechen kann, wenn ich in diesem Bereich Probleme habe. Das ist anders, als wenn ich mit meiner besten Freundin darüber rede. Axel kann dazu etwas aus männlicher Sicht sagen. Und es ist auch anders, als wenn ich mit meinem Partner darüber spreche, denn der ist ja immer selbst beteiligt, subjektiv, verletzbar. Axel dagegen ist nicht selbst betroffen und kann darum neutral sein. Das ist von ihm aus gesehen ganz genauso. Er erzählt mir manchmal von seinen wechselnden Partnerschaften. Dann ist er an meiner weiblichen Sicht interessiert. Ich glaube, wir brauchen diesen Austausch.»

Oder der 34jährige Stefan, auf dessen Freundschaft zu Veronika wir schon eingegangen sind. Er lebt in einer homosexuellen Beziehung mit seinem Freund Helmut zusammen. «Einmal hatte sie Probleme mit ihrem Freund. Sie brauchte jemanden, um die ganzen Beziehungsprobleme mal durchzusprechen, um sich klarzuwerden, ihre eigene Position mal kritisch zu beleuchten. Das war ganz wichtig für sie. Als neutraler Zuhörer konnte ich ihr helfen, ihre Beziehung aus einer anderen Warte zu sehen, ihre Verhaltensweisen mit ihr zu analysieren. Es hat ihr geholfen, von mir zu hören, wie mein Freund und ich in bestimmten Situationen miteinander umgegangen sind. Es war wohl auch wichtig, mit mir als Mann darüber zu sprechen und nicht mit einer Freundin. Es war für sie wichtig, von mir als Mann in ihren Empfindungen bestätigt zu werden.»

Daß Freunde bei der Bewältigung von ernsten Beziehungskrisen eine unentbehrliche Stütze darstellen, ist bekannt. Die Erfahrungen unserer Gesprächspartner bestätigen, daß es sich fast von allein ergibt, beieinander in Krisensituationen Trost zu suchen. Angela, von deren Freundschaft zu Heiner wir berichtet haben, wurde eines Tages von ihrem «Lover» verlassen.

«Er hat mir gesagt, daß es aus ist, und ich stand plötzlich im Regen. Das war ungeheuer hart und traurig für mich. Da habe ich zum erstenmal im Leben gemerkt, was das heißt, einen wirklich guten Freund zu haben. Früher, wenn es mir schlechtging, hab ich mich eher verkrochen, hab versucht, das Problem mit mir selbst abzumachen. Niemals hab ich jemandem gesagt: ‹Hier, hilf mir mal, es geht mir schlecht.› Aber jetzt war Heiner da, ohne daß ich groß was erklären mußte. Die ersten Tage nach der Trennung von Martin hat er gleich bei mir gewohnt. Danach hat er abends immer bei mir angerufen und gefragt: ‹Wie geht's dir?› Je nach dem Klang meiner Stimme hat er sich dann gleich in die Straßenbahn geworfen und ist zu mir gekommen oder nicht. Freundestreue zeigt sich erst im Sturm – dieser Satz trifft auf die Freundschaft zwischen mir und Heiner absolut zu.»

Einer unserer Gesprächspartner, der 30jährige Dietrich, legt Wert auf die Feststellung, daß das für Krisen- und Trennungssituationen typische «Durcheinander von Gefühlen von Frauen besser verstanden wird». Er ist sich sicher: «Bei einem Freund hätte ich gewiß nicht den Trost und die Einfühlung gefunden wie bei Ulla.»

Dietrich ist es auch, der einen unserer Meinung wichtigen Punkt formuliert: «In dieser schrecklichen Situation des Verlassenwerdens hat Ulla mir als Frau auch meinen Marktwert als Mann gespiegelt. Sie hat mir klargemacht, daß ich doch ein toller Typ bin, auch wenn meine Liebste mich im Stich gelassen hat.» Eben dieses Gefühl, das Balsam ist für ein angeschlagenes Selbstbewußtsein und den Trennungsschmerz zu lindern vermag, kann in einer reinen Frauen- oder Männerfreundschaft weniger gut vermittelt werden.

Auf den Verlauf einer Freundschaft zwischen einem Mann und einer Frau nehmen bestehende Partnerbindungen unserer Beobachtung nach besonders dann großen Einfluß, wenn sich die beiden in Paarkonstellationen kennenlernen. Es dauert oft lange, ehe man sich traut, auf eine Person zuzugehen, die einem sympathisch ist, die man jedoch bisher stets zusammen mit einem Partner oder einer Partnerin erlebt hat. Gerade in solchen Situationen scheuen sich viele, den Schritt auf den anderen zuzumachen, weil sie befürchten, mißverstanden zu werden und Eifersucht der Partner zu provozieren.

Manchmal steht auch die Solidarität mit dem gleichgeschlecht-

lichen Teil eines Paares der Seelenverwandtschaft, die erst entdeckt sein will, im Wege. So war es im Fall von Petra und Harald.
Sie lernte Harald und seine Frau in einer Selbsterfahrungsgruppe
kennen. Dort kam das ungeheuer gespannte Verhältnis dieser Ehe
auf den Tisch. Petra mochte beide gern, es fiel ihr schwer, die mas-
siven Spannungen zwischen zwei ihr sehr lieben Menschen zu verkraften.

Harald ist ein Pedant und reagiert cholerisch, wenn ihn was
ärgert. Er hat in seinem Elternhaus gelernt, daß es der Mann ist, der
sagt, wo es langgeht. Auch Susanne, seine Frau, hatte einen domi-
nanten Vater. Und so nahm sie auch Haralds beherrschende Art
als vom Schicksal gegeben fast 25 Jahre lang widerspruchslos hin.

Petra konnte sich gut einfühlen in Susanne, die plötzlich aufbe-
gehrte. Nie hatte sie als Haralds Frau ein selbstbestimmtes Leben
führen können. Für sie zum Beispiel wäre ein Traumurlaub so gewesen: Ferien am südlichen Meer, mal ohne Kinder, nur mit Harald am Strand liegen und sich in der Sonne aalen. Aber Harald
wollte fremde Kulturen kennenlernen. Und so war es mit allem.
Sie hatte immer nur mitgemacht, was er arrangiert hatte.

Heute sagt Petra: «Susanne hätte von Anfang an widersprechen
müssen. Man kann nicht 25 Jahre lang alles so tun, als freute man
sich darüber, und dann plötzlich sagen: Das war alles ganz
schrecklich! Susanne tut mir wirklich leid. Aber sie hat ihren An-
teil an der Misere.»

Die Selbsthilfegruppe schlug den beiden eine Partnertherapie
vor. Harald und Susanne machten diesen Versuch zur Rettung ihrer Beziehung. Aber nach einem Jahr erklärt Susanne: «Ich weiß
gar nicht, ob ich mit Harald wieder ins reine kommen will», und
bricht die Therapie ab. Sie zieht aus dem gemeinsamen Schlafzim-
mer aus, richtet sich im großen Haus ein eigenes Wohnzimmer ein,
in das sie sich mehr und mehr mit einem Freund und zu ihrem
Hobby zurückzieht.

Harald begreift das nicht. Petra spürt, daß er seine Frau immer
geliebt hat und auch noch liebt. Er will sich ihr zuliebe ändern,
seine beherrschende Art aufgeben. Er versucht das auch. Aber so
etwas geht nicht von heute auf morgen. In der Therapie sah er eine

Möglichkeit. Als Susanne die abbricht, bricht für ihn eine Welt zusammen. Da ergreift Petra Partei.

«Zunächst tat mir Harald einfach nur leid», erzählt sie heute. «Ich wollte ihn trösten, sein beschädigtes Selbstwertgefühl ein bißchen aufpolieren. Er war froh, daß er sich seinen ganzen Kummer von der Seele reden konnte. Und er sah ein, daß vieles, was er für Fürsorge gehalten hatte, aus weiblicher Sicht Einengung seiner Frau war. Anfangs habe ich mir Zeit für ihn genommen, weil ich spürte, daß er einen Menschen brauchte und daß es ihm guttat, mit einer Frau über seine Probleme zu sprechen. Aber bald merkte ich, daß mehr zwischen uns entstanden war. Ich erfuhr, daß auch er mir zuhören konnte, wenn ich Probleme hatte. Das war für mich eine wunderbare Erfahrung. Ein Mann, der seine Probleme relativieren konnte, das war für mich eine neue Entdeckung!»

Tröstliche Nähe

Auf ein besonders wichtiges Motiv sind wir bisher noch nicht eingegangen: Sich mit allen Schwächen zeigen, sich bloßstellen kann wohl jeder Mensch nur vor dem, dem er nichts abringen will, dem er vertraut und der ihm trotz seiner Schwächen vertraut, vor dem Freund oder der Freundin.

Männer haben oft auch in der Freundschaft Schwierigkeiten, sich ohne Maske zu zeigen, ungeschützt, verletzlich. Es ist in den letzten Jahrzehnten oft beklagt worden, daß es immer weniger tiefe Männerfreundschaften gibt. Beides hat vermutlich miteinander zu tun. «Vielen Männern fällt es schwer», sagt die Psychologin Georgia Witkin, die das Buch *Streßsyndrom der Männer* geschrieben hat, «ihr erfolgreiches Image abzulegen und sich einem anderen Mann und potentiellen Rivalen anzuvertrauen.»[16]

«Frauen neigen in der Freundschaft doppelt so häufig dazu, ihr Herz auszuschütten», stellt Charles Hill vom Whittier College in Kalifornien fest. «Diese Neigung, mit Gefühlen offener umzugehen, ermutigt jetzt auch die Männer, das gleiche in den Freundschaften mit Frauen zu tun.»[17]

Für Sport und Stammtisch reicht den meisten Männern auch

heute noch männliche Gesellschaft. Wenn es aber um persönliche Fragen geht, bevorzugen immer mehr Männer eine Frau als Gesprächspartnerin. Das stellten 1989 amerikanische Wissenschaftler in einer repräsentativen Studie fest. Jeder vierte Mann bezeichnete darin eine Frau als seinen besten Freund. Und damit war durchweg nicht die angetraute gemeint.[18]

«Frauen gegenüber kann ich ehrlicher sein», sagt unser Gesprächspartner Benjamin, der 21 Jahre alt ist und gerade seinen Zivildienst leistet. «Da kann ich mich ein bißchen weicher zeigen. Da kann ich mich auch mal ausweinen. Zwischen Männern, auch zwischen mir und meinem guten Freund, besteht doch immer ziemlich viel Konkurrenz. Da bin ich bestrebt, ein bißchen besser dazustehen!»

Aus vielen unserer Gespräche wird das ganz deutlich: Die meisten Männer können nur einer engen Freundin gegenüber über ihre Schwächen sprechen, einer Freundin gegenüber, zu der sie keine sexuellen Beziehungen haben, also nur gegenüber der platonischen Freundin.

Freundespaare I:
Lou Andreas-Salomé und Rainer Maria Rilke

Einen Freund unterstützen, ihm in Phasen der Schwäche beistehen, darauf verstand sich Lou Andreas-Salomé (1861–1937) außerordentlich gut, die als «Muse vieler großer Männer» galt. Sie war mit dem Göttinger Orientalisten Friedrich Carl Andreas verheiratet und mit dem Philosophen Friedrich Nietzsche, dem Dramatiker Frank Wedekind, mit dem Psychoanalytiker Sigmund Freud und mit dem Dichter Rainer Maria Rilke befreundet.

Während sie mit Nietzsche, Wedekind und Freud rein platonische Verhältnisse verbanden, begann ihre Freundschaft mit Rilke als Liebesbeziehung. Mit ihm unternahm sie zwei ausgedehnte Reisen durch Rußland, dem Land ihrer Kindheit. Schon während der zweiten Reise (1900) spürte die Salomé offenbar Rilkes noch verdeckte Neurose. Vielleicht fühlte sie sich überfordert. Bald spricht sie ihre Distanzierung offen aus.

Rilke leidet sehr darunter. Die Salomé weiß das. Als sie ihn bei einem Besuch, der ihr letzter sein soll, nicht antrifft, hinterläßt sie ihm auf einem zufällig gefundenen Zettel ein Versprechen, das sie später auch einlösen wird: «Wenn einmal viel später Dir schlecht ist zu Muthe, dann ist bei uns ein Heim für Dich für die schlechteste Stunde.» [19]

Zwei Jahre nach der Trennung kommt Rilke auf ihr Angebot zurück. Er ist seelisch aufgerieben. Er bittet sie, kommen zu dürfen. In seiner Hilflosigkeit wendet er sich an Lou, die ihn kennt wie kein anderer: «Du allein weißt, wer ich bin.» [20]

Für Rilke ist es schon hilfreich, wenn er ihr wenigstens schreiben darf, wenn er seine Depressionen und die beängstigenden Geisteszustände schildern kann. Die Salomé zögert zuerst, will sich nicht überfordern, wendet sich dem Freund dann aber doch aufmerksam und einfühlsam zu. Lou Andreas-Salomé hat begonnen, Psychoanalyse zu studieren. Bei Sigmund Freud lernt sie, wie wirksam durch diese «Seelenkur» geholfen werden kann. Dennoch rät sie Rilke nicht dazu. Sie fürchtet, die Analyse könnte zwar Ordnung schaffen in Rilkes Seele, damit aber zugleich sein Künstlertum zerstören. In Briefen und Gesprächen wendet sie sich stets freundschaftlich an ihn. Sie versucht, ihm, dem guten Freund, nicht mit professioneller Distanz der Psychoanalytikerin zu begegnen.

Es hat den Anschein, daß Lou Andreas-Salomé bis zu seinem Tod die einzige Vertraute blieb, mit der Rilke über seine psychischen Qualen sprach.

Spielarten
platonischer Verhältnisse

Selbstverständlich trägt jede Freundschaft individuelle Züge, dennoch sind wir bei der Auseinandersetzung mit den besonderen Charakteristika platonischer Verhältnisse auf wiederkehrende Motive gestoßen. So gibt es auch verschiedene Formen oder Spielarten der Freundschaft zwischen Mann und Frau. Im ersten Abschnitt dieses Buches schilderten wir, was das Besondere ist an einer platonischen Beziehung, was sie unterscheidet von der Liebe einerseits und von Freundschaften mit Menschen des eigenen Geschlechts andererseits. Wir beschrieben, welche Bereicherung eine solche Freundschaft bedeuten kann, wie wichtig sie für einen Menschen ist, der die Differenziertheit seiner Gefühle bewußt erleben und auskosten möchte.

Hier nun wollen wir typische Formen platonischer Verhältnisse vorstellen. Es gibt unserer Beobachtung nach Konstellationen, in denen das Lebensalter oder der Generationsunterschied ein wichtiger Faktor ist. So ist in manchen Freundespaaren die Frau so alt, daß sie die Mutter ihres Freundes sein könnte, oder aber ein Mann gehört zur Generation des Vaters seiner Freundin.

Der Vergleich zu Familienkonstellationen liegt auch nahe, wenn ein Freundespaar annähernd gleichaltrig ist, wenn zwei zusammenpassen wie Bruder und Schwester. Ganz eigene Merkmale gelten für Freundschaften, die von zwei Menschen im Alter geschlossen werden.

Diese Formen hat es schon immer gegeben, wenn auch sehr selten. Am Rande streifen wir eine früher recht verbreitete Variante platonischer Verhältnisse, die mittlerweile «aus der Mode» gekommen ist. Unter dem Joch strikter Rollen- und Moralnormen sahen es ichstarke Frauen bis ins 20. Jahrhundert hinein als einzige Chance an, eine Liebe und zugleich ihre Individualität zu retten, indem sie sich mit einem freundschaftlichen Verhältnis begnügten. Solche Beziehungen blieben allerdings stets geprägt vom unfreiwilligen Verzicht auf das Ausleben des sexuellen Begehrens.

Eine weitere Variante ist hingegen bedingt durch unsere zeitgenössischen Erfahrungen mit dem Liebesleid: Wenn die Liebe vergeht, kann es in einem platonischen Verhältnis durchaus gelingen, die Zuneigung und Sympathie füreinander zu bewahren. So kann es sogar vorkommen, daß zwei, die sich einen zermürbenden Beziehungskrieg geliefert haben, erst nach einer Trennung ihre Seelenverwandtschaft entdecken.

Hin und wieder werden wir, wie gesagt, eine Geschichte aus der Geschichte erzählen. Mit gutem Grund: denn wir wissen um den Ausgang! Wir hoffen so, manchen Skeptiker überzeugen zu können, der notorisch behauptet, nur Liebe, nicht Freundschaft gäbe es auf Dauer zwischen Frau und Mann.

Wie Mutter und Sohn

Christine, 36, hat ihren 15jährigen Neffen ins Theater eingeladen. Er, der sonst vor allem Jeans und Parker trägt, hat heute ein weißes Hemd angezogen – sogar mit Fliege – und ein blaues Samtjackett. Er macht richtig eine gute Figur, denkt Christine. In der Pause gehen die beiden im Foyer auf und ab, unterhalten sich. Man sieht ihnen an, daß sie sich mögen.

Christine spürt, daß viele Blicke auf sie gerichtet sind. Wut steigt in ihr auf. Denn sie meint, die Gedanken derer, die immer wieder auffällig herüberschauen, erraten zu können. Man hält sie für eine Frau, die ihren jungen Liebhaber ausführt.

Nicht nur in unserem Kulturkreis gilt es als ehernes Gesetz, daß Liebhaber und Ehegatten gleich alt oder älter als die Frau zu sein haben. Ursula Richter, in Wien lebende Soziologin, hat Beziehungen von Frauen zu jüngeren Männern untersucht und sich dabei vor allem mit Reaktionen der Umwelt auf solche asymmetrischen Paarkonstellationen beschäftigt. Sie betont, daß Eltern irritiert sind und sich Erziehungsfehler vorwerfen. Die Mütter der Frauen fürchten den abschätzigen Blick der Nachbarn und stehen dem jungen Liebhaber der Tochter ausgesprochen skeptisch gegenüber. Im Freundeskreis bleiben Einladungen aus, weil der Freund als unpassend empfunden wird. Tenor: Machst du dich jetzt schon an die Freunde deiner Kinder ran?[21]

Ähnliche Vorbehalte spürte Christine auch bei den Leuten, die sie und ihren jungen Neffen im Foyer des Theaters beobachteten. Sie tröstete sich in ihrem Ärger mit dem Gedanken: Der Fabian merkt das sicher gar nicht. Weit gefehlt. Plötzlich zischte er ihr zu: «Wenn die das so wollen, sollen sie es auch haben!», grinste, zog

Christine entschlossen an sich und drückte ihr einen heißen Kuß auf den Mund.

«Mir blieb die Spucke weg!» lacht Christine. «Aber ich fand Fabians Reaktion toll. Und außerdem war es ein herrlicher Spaß, denn wir hielten unsere Rollen den ganzen Abend über konsequent durch.»

Die 36 jährige Frau hätte zweifellos Fabians Mutter sein können. Doch offenbar schloß die zärtliche Vertrautheit, mit der die beiden miteinander umgingen, die wesentlich näherliegende Vermutung aus. Mit einer erstaunlichen Selbstverständlichkeit erschien es den Beobachtern für ausgemacht, daß die beiden ein anrüchiges, weil gesellschaftlich unerwünschtes Liebesverhältnis haben. Unbewußt spielt bei dieser Reaktion sicherlich der Gedanke an eine sexuelle Beziehung zwischen Mutter und Sohn, an den Inzest, eine Rolle.

Immer noch werden Liebesbeziehungen reiferer Frauen zu jüngeren Männern tabuisiert. Das Vorurteil sitzt tief und lebt hartnäckig fort. Das erscheint angesichts neuerer sexualwissenschaftlicher Erkenntnisse besonders seltsam. Man glaubt nämlich herausgefunden zu haben, daß der Gipfel der männlichen Potenz bereits vor dem zwanzigsten Lebensjahr liege, während das Verlangen der Frau seinen Höhepunkt erst im dreißigsten Lebensjahr erreiche und sich von da an sogar steigere. So gesehen, wären partnerschaftliche Bindungen einer Frau an einen jüngeren Mann eher «natürlich» als die traditionellen an einen älteren Mann. Nur: Jahrhundertelang hat sich die Frau eben brav angepaßt an die gesellschaftlich vorgegebenen «Bedürfnisse» – besser: Wünsche – des Gatten.

Mittlerweile ist eine zaghafte Umkehr spürbar. Allmählich steigt die Zahl der Frauen, die einen jüngeren Mann heiraten. In immerhin 17 Prozent der bundesdeutschen Ehen zum Beispiel ist die Frau älter als der Mann. 1979 waren es nur 13 Prozent. Bei den Paaren, die ohne Trauschein zusammenleben, liegt die Quote heute wahrscheinlich noch wesentlich höher.

In platonischen Verhältnissen machen sich die sattsam bekannten Vorurteile gegenüber jüngeren Freunden und Begleitern insofern bemerkbar, als die soziale Umwelt des Freundespaares zumindest anfangs mutmaßt, daß sich aus der Freundschaft vielleicht doch noch eine Liebesbeziehung entwickelt. Das Paar wird entsprechend kritisch beäugt. Einige unserer Gesprächspartner bestätigen das.

Heinrich, Mitte Vierzig, ist mit Rita befreundet, die 27 Jahre älter ist als er. «Vielleicht halten uns die Leute für Mutter und Sohn», sagt er. «Mir ist das egal. Wir beide sind und waren immer schon unabhängig davon, was die Leute so über einen denken könnten.» Es ist ein ganz besonderes Verhältnis, das Heinrich und Rita zueinander haben. «Am liebsten nenne ich sie meine ‹Verlobte›. Es klingt liebevoll, ein wenig erotisch, ein wenig nach Hoffnung», sagt er, «und zugleich ist es ein unerhörter Spaß für mich, für sie, für meine Umgebung.»

Das mit der erotischen Komponente meint Heinrich ernst, obwohl Rita 74 Jahre alt ist. «Ich meine», betont er, «die erotische Anziehungskraft von Frauen hat nichts mit dem Alter zu tun. Und Rita ist, das kann ich beteuern, immer noch eine absolut aufregende Frau. Sie kleidet sich einfallsreich und unbürgerlich, sie ist, was Literatur, Kunst, Politik betrifft, auf dem neuesten Stand. Sie ist meinungsfreudig. Wir können uns manchmal streiten, daß die Fetzen fliegen. Wir können aber auch, und das finde ich noch wichtiger, unheimlich viel zusammen lachen! Ja, es ist eine richtige Seelenverwandtschaft!»

Für den Zusammenhalt der Freundschaft zwischen Heinrich und Rita ist ein Phänomen wichtig, auf das wir häufiger gestoßen sind, wenn eine Frau mit einem jüngeren Mann befreundet ist.

Heinrich: «Ich bin, wie man so schön sagt, ein Mann in den besten Jahren. Ich liebe Frauen, ich flirte gern. Ich sehe nicht schlecht aus und mache gern Komplimente. Ich bin kein Kind von Traurigkeit und versuche, die Dinge, und seien sie noch so schwierig, positiv zu erleben. Ganz klar, daß es immer wieder vorkommt, daß sich jüngere Frauen in mich verlieben. Gelegentlich wollen sie mir ihr Herz, ihr ganzes Leben zu Füßen legen, wollen etwas ‹Ernsteres›. Aber genau das ist es, was ich im Moment überhaupt nicht will. Ich habe eine insgesamt recht glückliche Ehe hinter mir, die zwölf Jahre gedauert hat. Zwei, drei größere Liebesbeziehungen haben sich angeschlossen. Aber nun ist erst einmal Schluß mit der Liebe! Das Leben mit diesen ‹amtierenden Geliebten› kann mitunter auch recht anstrengend sein. Davon will ich erst mal nichts mehr wissen. Seit fünfzehn Monaten lebe ich wie ein Mönch. Und ich muß sagen, es bekommt mir recht gut. Und meine Verlobte Rita ist da gerade ideal. Zwischen uns besteht zwar eine erotische Anziehungskraft, aber, wie meine weise Frau Mutter das immer ausgedrückt hat, zum Letzten wird es nie kommen. Ja, und gerade das Fehlen von Sex macht unsere Beziehung reizvoll. Rita ist eine Frau, die das Leben und die Liebe kennt und reichlich ausgekostet hat. Nun ist für sie eine Art Feierabend. Windstille, Ausruhen. Verschnaufen. Wir beide können völlig fröhlich miteinander umgehen, weil wir keine Angst haben müssen, daß da irgendwelche verborgenen Wünsche sind.»

Nicht genauso, doch so ähnlich trifft das auch auf viele andere Freundschaften zwischen einer Frau und einem jüngeren Mann zu. Es gibt auch im Leben eines jüngeren Mannes Phasen, in denen das Sexuelle zurücktritt, andere Werte wichtiger sind. In einer solchen Phase fühlt sich ein Mann bei einer älteren Freundin gut aufgehoben, geborgen: Er muß nicht auf den Reiz weiblicher Nähe verzichten.

Voraussetzung dafür ist allerdings, daß diese Erwartung mit den Bedürfnissen der Frau in Einklang steht. Das heißt, auch eine ältere Frau wird eine platonische Beziehung zu einem jüngeren Mann nur dann als harmonisch erleben können, wenn sie vorher schon «satt» geworden ist, wenn sie die Erfüllung ihres sexuellen Verlangens bisher schon lustvoll genossen hat bzw. wenn sie im Laufe ihres Lebens die hochentwickelte Fähigkeit zur Sublimation sexueller Wünsche erlangt hat und damit eine innere Reife und Gelassenheit. Nur so gelingt es ihr, in der Freundschaft zu einem jüngeren Mann souverän mit eventuell auftauchenden sexuellen Sehnsüchten umzugehen und die Rolle der mütterlichen Freundin zu akzeptieren.

Geistig beweglich, phantasievoll, spontan – die Eigenschaften, mit denen Heinrich seine ältere Freundin Rita beschreibt, verbindet man zumeist mit jungen Leuten. Entdeckt ein Mann wie Heinrich diese Lebhaftigkeit bei einer älteren Frau, so beeindruckt ihn das besonders nachhaltig. Ein solches Erscheinungsbild begeistert im Grunde immer, macht junge wie alte Menschen anziehend. Darüber hinaus ist es für einen jungen Mann eine beruhigende und auch tröstliche Erfahrung, im intensiven, persönlichen Zusammensein mit einer reiferen Frau zu erleben, daß man im Alter nicht zwangsläufig starr, einfältig und langweilig werden muß.

Für Frauen ist es allemal anregend, mit einem jüngeren Mann befreundet zu sein: weil er ihr hilft, Merkmale der Jugend zu erhalten, bestimmte Fähigkeiten zu trainieren, um derentwillen er sie mag. Und auch, weil es ihr guttut zu spüren: Ich bin noch attraktiv. Manchmal findet sie in ihm sogar ein Stück eigener Jugend wieder.

Carola, 66 Jahre alt und seit drei Jahren pensioniert, hat sich noch vor vier Jahren an einer Universität eingeschrieben. Sie studiert Sozialwissenschaften. Jetzt arbeitet sie intensiv an ihrer Magisterarbeit. Sie hatte gerade mit dem Studium begonnen, da lernte sie Thomas kennen, der in ihrem Semester ist. Heute ist er 33 Jahre alt. Sehr schnell bemerkten Carola und Thomas eine «innere Verwandtschaft».

«Ich spüre und entdecke viel an ihm», erzählt Carola, «was ich als junger Mensch auch gehabt habe: seine zurückhaltende scheue Art, er trägt sein Herz nicht auf der Zunge, wartet, bis man auf ihn zugeht. Ich schätze besonders, daß er zuverlässig, höflich, freundlich, treu ist. Vor allem mag ich, daß man hervorragend mit ihm reden kann über Politik, über Sozialwissenschaften, da herrscht auf weiten Strecken ein Einverständnis zwischen uns. Das macht immer Spaß, und sei es, daß wir die Frauenfrage im Osmanischen Reich diskutieren, über die Thomas gerade gearbeitet hat. In solchen Gesprächen kommen wir immer auf einen Nenner. Ich mag, daß er sehr ernst und nachdenklich ist. Er ist immer bereit, alles zu hinterfragen, denkt niemals in Klischees.»

Carola bestätigt, was wir in unseren Gesprächen häufiger hörten: Ein jüngerer Mann kann für ältere Frauen ein «Jungbrunnen» sein. Die Gefahr, im Alter eine gewisse Trägheit im Denken zu entwickeln, die langsamer macht und den Horizont enger, dieser Gefahr wirken die Meinungsverschiedenheiten mit Jüngeren entgegen. Und Meinungsstreit in einer Freundschaft nutzt Schwächen nicht aus, sondern stärkt. Auf der Basis einer Freundschaft, die Sicherheit gewährt und fundamentales Wohlwollen, sind Auseinandersetzungen konstruktiv.

Daß sich Carola in ihrem platonischen Verhältnis zu Thomas glücklich fühlt, liegt nahe. Was aber hält Thomas bei der Stange? Carola glaubt, daß Thomas an ihr besonders mag, «daß ich keine traurige arme Alte bin, daß ich ihm Mut mache. Sinngemäß: Wenn man in deinem Alter noch so lebendig ist, dann ist es gar nicht schlimm, alt zu werden. Ich glaube, ich bin an Jahren viel älter als seine Mutter, aber innerlich wohl jünger, was die geistigen Interessen anbelangt. Seine Mutter würde nicht noch einmal zur Uni gehen und studieren! Sie wäre sicher auch nicht so spontan wie ich, würde ihre Freude nicht so zeigen, wenn sie ihn sieht. Irgendwie habe ich das Gefühl, er hat als Kind zuwenig Streicheleinheiten bekommen, so daß er emotional ein bißchen zu kurz gekommen ist. Und darum fühlt er sich bei mir so wohl, weil ich ihm voll Herzlichkeit und Wärme zugewandt bin.»

Eine der großen Schwierigkeiten bei der Partnerwahl besteht darin, daß sehr viele Menschen in einer Liebesbeziehung Erfahrungen aus ihrer Kindheit verarbeiten wollen. Sie wollen die Folgen emotionaler Defizite nun endlich aus der Welt schaffen: zum Beispiel das Leiden an fehlenden Streicheleinheiten oder den Mangel an Anerkennung, an Lob, was zu Minderwertigkeitsgefühlen führen kann und zu einem schwer zu sättigenden Bedürfnis nach ständiger narzißtischer Bestätigung. Ein derartiger «Nachholbedarf» kann eine Liebesbeziehung zerstören.

Gelingt es einem jungen Mann mit solchen Defiziten, eine ältere Frau als Freundin zu gewinnen, so kann er ein solches Minus leichter ausgleichen. Er kann dann unbelasteter eine Liebesbeziehung oder eine Ehe eingehen bzw. kann eine vielleicht schon bestehende Partnerschaft in dieser Hinsicht entlasten. Die ältere Freundin liebt er dann oft so, wie er sich als Kind gewünscht hat, seine Mutter lieben zu können. Das kann durchaus eine erotische Beziehung sein, weil die Mutter-Sohn-Beziehung ja fast von Natur aus eine erotische ist. Schließlich ist die Mutter für den kleinen Sohn in der Regel die erste begehrenswerte weibliche Person. Und die Liebe des Jungen zu seiner geliebten, sexuell aber unerreichbaren Mutter ist immer ein erstes platonisches Verhältnis. Insofern ist sie, nach gelungener Ablösung, auch das erste große Modell einer platonischen Liebe.

Freundespaare II:
Clara Schumann und Johannes Brahms

In einem platonischen Mutter-Sohn-Verhältnis können allerdings auch sexuelle Wünsche mitschwingen. Oft wird das dann aber zunächst verdrängt oder gar nicht erst bewußt wahrgenommen. Dafür gibt es ein geradezu klassisches Beispiel: die Freundschaft Clara Schumanns mit Johannes Brahms.

Clara Schumann (1819–1896) ist noch heute ein Mythos. Sie war die bedeutendste Pianistin ihrer Zeit, gefeiert, bewundert, verehrt. Sie war verheiratet mit Robert Schumann und Mutter von sieben Kindern. Sie hatte – auf den ersten Blick – alles, was sich eine Frau nur wünschen kann. Als sie Robert Schumann einen Tag vor ihrem 21. Geburtstag heiratete, war sie bereits eine berühmte Pianistin, er aber, der sie auf ihren Tourneen zu den Konzerten begleitete, litt darunter, «nur» Ehemann einer anerkannten Künstlerin zu sein. Ihn quälten Minderwertigkeitsgefühle, gegen die Clara anzukämpfen trachtete, sie, die ihn als Komponisten so hoch einschätzte, die seine Musik als Interpretin bekannt zu machen versuchte.

Robert wurde vierzehn Jahre nach der Heirat psychisch krank und schließlich in eine Heilanstalt eingewiesen, wo Clara ihren Mann nur selten besuchen konnte. Sie litt unter seiner Krankheit. Außerdem machte es ihr zu schaffen, daß sich die Notwendigkeit, das Geld für den Lebensunterhalt zu verdienen, so schlecht mit ihren familiären Verpflichtungen vereinbaren ließ.

Ihre Tourneen hinderten sie daran, zu Hause bei den Kindern zu bleiben. Die älteren waren darum stets in irgendwelchen Internaten untergebracht, und die jüngeren wurden von einer Kinderfrau versorgt. Das alles aber hätte sie viel schwerer verkraften können, wenn Johannes Brahms nicht gewesen wäre.

Brahms war 1853, gerade zwanzigjährig, zum erstenmal bei den Schumanns aufgetaucht, mit Noten unterm Arm und einem Empfehlungsschreiben von Joseph Joachim, einem Freund der Schumanns. Johannes Brahms wollte von seiner Musik vorspielen und Schumanns Urteil hören. Kaum hatte er sich an den Flügel gesetzt und die ersten Takte gespielt, unterbrach Robert Schumann, weil er seine Frau rufen wollte. «Clara! Clara! hier sollst du eine Musik hören, wie du sie noch nie gehört hast!»[22]

Seit dem Tag kam Johannes Brahms, solange er in Düsseldorf blieb, täglich zu Schumanns und ihren Freunden, um ihnen vorzuspielen und mit ihnen zu reden. Schumann schrieb einen Beitrag in der von ihm einstmals gegründeten und geleiteten «Neuen Zeitschrift für Musik», den er «Neue Bahnen» nannte und in dem er die Musik von Brahms leidenschaftlich feierte.

Ein halbes Jahr später brach – für alle unerwartet – Robert Schumanns Geisteskrankheit aus. Claras Freundschaft zu Johannes hatte sich noch kaum festigen können. Trotzdem kam der um vierzehn Jahre jüngere Freund aus Hamburg, um ihr beizustehen. Er war ihr eine starke Stütze. Er kam täglich zu ihr, las ihr vor, spielte Klavier, ging mit ihr spazieren, hörte ihr zu. Clara notierte:

> *«Mit Brahms spreche am liebsten von Robert, erstlich weil Robert ihn vor allen liebt, und dann hat er bei aller Jugend ein mir so wohltuendes Zartgefühl. Der ganze Mensch ist eine gar bedeutende Erscheinung, einesteils weit über sein Alter hinaus in seiner Bildung und andernteils wieder so ganz kindlich in seinen Empfindungen. Man lernt ihn immer mehr hochhalten und lieben!»*[23]

Clara machte nicht nur die Musik Schumanns bekannt, sie spielte mehr und mehr auch die ihres Freundes Brahms. Und sie verteidigte Brahms' Musik vehement, als sie noch kaum irgendwo anerkannt war. Es störte sie nicht, daß man ihr vielerorts verübelte, wenn sie sich für diesen jungen Komponisten einsetzte und ihn völlig gleichberechtigt behandelte. Wenn sie auf einer Tournee war und darunter litt, daß Robert nicht bei ihr sein konnte, waren Brahms' Briefe ihre höchste Freude. Bei einer Tournee lernte sie in Hamburg die Mutter des Freundes kennen: «Wehmütig machte mich der Abschied von der Frau, deren Sohn meinem Herzen so lieb und teuer geworden: Ich dachte für mich, wer weiß, wie lange die gute Frau noch lebt – vielleicht ist's mir einmal beschieden, Mutterstelle an ihm zu vertreten.»[24] Eine solche Vorstellung ermöglichte es ihr offenbar, Brahms und ihre eigene Sympathie für ihn auf für sie akzeptable Weise in ihr Leben einzuordnen.

Daran änderte sich zunächst auch nichts, als die Gefühle des jungen Mannes der älteren Freundin gegenüber sich immer mehr veränderten. Hatte er anfangs seine Briefe mit «verehrte Frau» begonnen, hieß es bald «teuerste Freundin», dann «geliebte Freundin» und schließlich «herzliebe Clara». Brahms schrieb: «Meine geliebte Clara, ich möchte, ich könnte Dir so zärtlich schreiben, wie ich Dich liebe!» und auch: «Deine Briefe sind mir wie Küsse!»[25]

Mit solchen Briefen wollte Brahms nicht nur seine innige Liebe ausdrücken. Er wußte, daß Robert nicht mehr lange zu leben hatte und auch, in welch tiefe Verzweiflung sein Tod Clara stürzen würde. Seine Briefe sollten Clara auch signalisieren, daß sie dann nicht allein wäre. Brahms war anwesend, als Clara Robert zum letztenmal besuchte. «Ich erlebe wohl nie wieder so Ergreifendes, wie das Wiedersehen Roberts und Claras», schrieb er an einen Freund.[26] Robert Schumann starb am 29. Juli 1856.

«Mein Unglück ist so schwer und groß», trauerte Clara. Doch sie konnte auch sagen: «Aber ich fühle auch mit ganzem Herzen das Glück, das Gott mir in der Kunst, den Kindern und meinen Freunden verliehen.»[27] Sie floh in eine unruhige Reisezeit, eilte von Konzert zu Konzert, von einer Stadt zur anderen. Auch Jahre nach Roberts Tod sprach sie bei jeder Gelegenheit von ihrem «geliebten Mann».

Eine neue große Enttäuschung bahnte sich an. Nach schweren inneren Kämpfen hatte Johannes seine leidenschaftliche Liebe zu der sich immer noch gebunden fühlenden Clara überwunden. 1858 verliebte sich Brahms in die jüngere Agathe von Siebold. Er hatte sie in Göttingen kennengelernt, wo sich zu dieser Zeit auch Clara Schumann aufhielt. Als Clara die Verliebtheit der beiden jungen Leute beobachtete, wurde ihr wohl bewußt, daß sie, die geglaubt hatte, Brahms selbstlos wie einen Sohn zu lieben, nun tief verletzt war. Vieles spricht dafür, daß ihr erst in diesem Moment der erotische Charakter ihrer Liebe zu Brahms aufging. Noch als Brahms ihr fast ein halbes Jahr später zwei Musikstücke zur Beurteilung schickte, scheint ihre Reaktion von einer tiefen Enttäuschung diktiert gewesen zu sein. Es handelte sich um den «Brautgesang», der prompt bei ihr durchfiel. Der «Begräbnisgesang» hingegen begeisterte sie: «Das laß mir einmal bei meinem Grabe singen. Ich meine, bei diesem Stück hast Du doch an mich gedacht!»[28]

Vielleicht wäre Clara im März 1859 ja nach Hamburg gefahren, um – wie sie es früher häufig getan hatte – zur Uraufführung eines Brahms-Werkes zu kommen, wenn sie geahnt hätte, daß zu diesem Zeitpunkt das Verhältnis zu Agathe schon beendet war. Man weiß von einigen späteren Affären Brahms' – auf festere Bindungen allerdings scheint er sich nicht eingelassen zu haben.

Die Freundschaft zwischen ihm und Clara Schumann festigte sich wieder und blieb bis zu Claras Tod bestehen – beide waren sich bewußt, daß auch anderes hätte werden können aus ihrer Beziehung.

Es mag eine typische Erfahrung in vielen platonischen Freundschaften sein, daß beide, allerdings zu verschiedenen Zeitpunkten, sich eine Liebesbeziehung wünschen. Wenn eine Freundschaft solche konfliktträchtigen Phasen unbeschadet überstanden hat, kann das Wissen darum, daß der (oder die) andere bereit war, sich auf mehr einzulassen, eine ausgesprochen verbindende Basis für eine platonische Liebe darstellen. Fraglos ist das ein für die Beteiligten nicht immer leichter Weg, wie die Geschichte von Clara Schumann und Johannes Brahms zeigt. Doch bietet die künstlerisch kreative Verbindung dieser beiden Menschen zugleich ein Beispiel für den bereichernden Charakter solcher Freundschaften.

Wie Vater und Tochter

«Der alte Mann und das Mädchen» betitelte eine Illustrierte eine Geschichte, die sich der Sehnsucht des alternden Mannes nach einer jungen Frau widmete. Die Rede war von einem «Zeittrend, der schon einen Namen hat: das Jennifer-Syndrom»[29].

«Jennifer» ist seit fünfzehn Jahren der beliebteste Mädchenname in New York und wurde so zum Namen für das Mädchen schlechthin. Aus diesem Grund gab die US-Autorin Barbara Gordon ihrem vieldiskutierten Buch den Titel *Jennifer-Fieber. Ohne Treue: Der Männertraum vom wahren Glück mit einer neuen jungen Frau.* Sie erklärt darin: «Das Jennifer-Fieber? Ist eben ein Fieber. Die Emotionen, die es hervorruft, sind hitzig. Frostige Gleichgültigkeit gibt es nicht, nur heiße Wollust, Begierde des Fleisches, Kampf gegen den Tod, den Versuch, jung zu bleiben.»[30]

Anders als Liebesbeziehungen einer Frau zu einem jüngeren Mann stellt diese Konstellation seit jeher einen «Normalfall» dar, galt und gilt noch heute gesellschaftlich kaum als anrüchig. Häufig suchen viele Männer gerade nach gescheiterten Ehen oder Beziehungen mit Gleichaltrigen wesentlich jüngere Partnerinnen. An diesem Phänomen offenbart sich einmal mehr – so die italienische Schriftstellerin Elena Gianini Belotti[31] –, daß Männer dem Dialog mit starken Frauen nicht gewachsen sind, vielmehr immer noch nach dem «ewig Weiblichen» suchen, das sich ihnen unterordnet.

Geht man davon aus, daß vor allem die Männer von einem solchen Verhältnis profitieren, so haben wir die interessante Erfahrung gemacht, daß ein Verhältnis zu einem (wesentlich) älteren Mann, das platonisch bleibt, gerade von Frauen als bereichernd empfunden wird.

So geht es zum Beispiel Jutta. Sie ist 27 Jahre alt, unverheiratet und hat einen Sohn, Oliver. «Das Kind war eigentlich ein Unfall», sagt sie, «aber als ich merkte, daß ich schwanger war, habe ich mich gleich riesig gefreut.» Den Mann, der Vater ihres Oliver war, wollte Jutta nicht heiraten. «Er hatte noch keine Pläne, keine Vorstellung davon, wie er einmal leben wollte.» Also haben sich die beiden getrennt. Das ging nicht ohne Schmerzen. «Was mir dabei besonders weh getan hat», gesteht Jutta, «war, daß Oliver nun auch ohne Vater aufwachsen sollte. Da habe ich mich gleich schuldig gefühlt. Meine Eltern haben sich nämlich ganz früh scheiden lassen. Mein Vater ist dann gleich nach Brasilien ausgewandert. Ich habe ihn bewußt nie gesehen.»

Jutta hat als Kind und junges Mädchen den Vater sehr vermißt. Und darum hatte sie ihrem Kind einen solchen Mangel nie zumuten wollen. Jetzt tat sie es doch. «Trotz allem denke ich, daß es das kleinere Übel ist», sagt sie heute.

Die Erzieherin in einem alternativen Kindergarten hat es leichter als andere alleinerziehende Mütter. Denn sie konnte Oliver mit zu ihrer Arbeitsstelle nehmen, schon als er erst zwei Jahre alt war. Sie kann Muttersein und Beruf leichter als andere unter einen Hut bringen.

Vor einem Jahr wurde Biggi im Kindergarten angemeldet, ein vierjähriges Mädchen. Meist wird sie von ihrer Mutter gebracht und abgeholt. Doch wenn er es mit seinem Schichtdienst im Krankenhaus vereinbaren kann, kommt auch Biggis Opa in den Kindergarten. Er fiel Jutta sofort auf: Anfang Fünfzig, schwarzes Haar, graue Schläfen. Ein stattlicher Typ. Und wie liebevoll er mit seiner Enkelin umgeht! «So einen Vater hätte ich auch haben mögen», gestand Jutta Biggis Mutter, die auch von Biggi Kathi genannt wird. «Ich beneide dich richtig um deinen Schwiegervater! Und was für ein Opa er ist! Ja, so was wird Oliver nie erleben können!»

Bald war Biggis Opa nicht mehr Biggis Opa für Jutta, sondern Bernhard. Offenbar hatte Kathi ihm von ihren Gesprächen mit Jutta erzählt. Er kam immer häufiger, und manchmal ging er nach Juttas Dienst mit ihr, mit Oliver und Biggi noch Eis essen oder

Pommes mit Mayo, was die Kinder gern mögen, die mittlerweile auch sehr aneinander hängen.

Jutta: «Ich habe sehr bald auch Gisela kennengelernt, Bernhards Frau. Anfangs dachte ich ja: Die beiden passen gar nicht gut zusammen. Sie ist zwar zwei Jahre jünger als Bernhard, aber sie sieht älter aus als er. Sie ist klein, und ihr Haar ist schon ganz grau. Allmählich aber merkte ich, wie toll sich die beiden verstehen. Gisela ist Krankenschwester, aber sie arbeitet in einem anderen Krankenhaus als Bernhard, der Chefarzt ist. Sie kennen die beruflichen Probleme voneinander sehr genau, den Streß zum Beispiel in der Klinik und die psychischen Belastungen, wenn man jemandem nicht mehr helfen konnte.»

Jutta beeindruckt das menschliche Miteinander von Bernhard und Gisela sehr: «Wenn er von seiner Frau spricht, spüre ich deutlich, wie sehr er sie liebt. Und wie zärtlich sie miteinander umgehen!» Jutta mag die ganze Familie, besonders aber Bernhard:

«Ich bin sehr glücklich, daß ich heute, da ich erwachsen bin, einen Mann gefunden habe, zu dem ich aufblicken kann, der mir irgendwie auch Vorbild ist. Er ist erfolgreich im Beruf, macht sich über alles, was in der Politik und in der Kultur passiert, seine Gedanken. Er hat oft eine Meinung, die mir imponiert. Und wenn ich anderer Meinung bin, was auch vorkommt, dann ändert er manchmal seine Ansichten. Oder er sucht nach neuen Argumenten, um mich doch noch zu überzeugen. Ich habe noch nie mit jemandem so gut reden können.»

Der Münchener Psychologe und Psychotherapeut Jens Corssen ist überzeugt davon, daß Jutta mit einer solchen Erfahrung nicht allein dasteht: «Viele junge Frauen, die sich zu älteren Männern hingezogen fühlen, sehnen sich nicht einfach nach Geborgenheit, sondern vor allem nach einem entwickelten, reifen Mann. Nach einem, der ihre Gedanken- und Gefühlswelt versteht, Sinn für Höheres hat und auch bereit ist, etwas für seine Bewußtseinsentwicklung zu tun. Das ist ein Mann, mit dem man reden kann. Die meisten jungen Männer sind nicht zu so einer Art Kommunikation fähig. Sie sind getrieben, Karriere zu machen und Materie anzusammeln. Sie stecken alle Kraft in den Beruf.»

Ältere Männer behandeln oft Frauen mit mehr Respekt und Höflichkeit als jüngere. Auch das ist etwas, was den jungen Damen gut gefällt. Jens Corssen: «Das sind die neuen Männer, von denen Frauen träumen: offen, sensibel und doch dank einer großen Lebenserfahrung fest in sich verankert.»

Die älteren Männer motiviert das Bedürfnis, zu erfahren, was heute von der Jugend gedacht und getan wird, Freundschaft mit jüngeren Frauen einzugehen. Jutta beschreibt, was Bernhard ihrer Meinung nach aus ihrer Freundschaft gewinnt: «Er sagt, daß er so gern mit mir redet, weil ich seine einzige intellektuelle Brücke zur Jugend bin. Er liebt seinen Sohn und seine Schwiegertochter sehr, aber diskutieren kann er mit ihnen nicht. Sie hätten immer viel zuviel vor und darum auch kaum Zeit für gründliche Gespräche. Er sagt sogar, daß er durch mich gelernt habe, Martin und Kathi besser zu verstehen, seinen Sohn und seine Schwiegertochter. Und ich merke auch selbst, daß er in letzter Zeit noch aufgeschlossener geworden ist, viel toleranter. Und das weiß er. Und das schätzt er an unserer Freundschaft.»

Die Studentin Angela ist mit Heiner, der 24 Jahre älter ist als sie, befreundet. Zwar sagt Angela: «Ich schaue nicht zu Heiner auf, ich himmle ihn nicht an», doch in einem wichtigen Punkt ist auch er Vorbild für sie: «Ich finde toll, daß er so jung geblieben ist, so lebendig in seinem Alter! Er kann sich über Neues unheimlich freuen. Ich habe ihn manchmal in die Disco geschleppt, da wollte er gar nicht mehr nach Hause, weil er alles so spannend fand. Ich muß sagen: Das hat mich einfach vom Stuhl gerissen! Und es hat mir auch ein bißchen Mut gemacht, was mein eigenes Altwerden angeht. So gesehen, ist Heiner sogar eine Art Vorbild für mich, weil er mir zeigt, daß man auch, wenn man älter wird, begeisterungsfähig bleiben kann.»

Angelas Erfahrung entspricht einem Motiv, auf das wir auch bei der Beschäftigung mit den Beziehungen von Frauen und jüngeren Männern gestoßen sind: Junge Leute empfinden die Freundschaft mit Älteren als eine Möglichkeit zu lernen, dem eigenen Alter gelassener und optimistischer entgegenzublicken. Es überrascht kaum, daß der Mann in diesen beiden Fällen altersmäßig asymmetrischer Beziehungskonstellationen von sozialen Anfeindungen und Vorurteilen weitgehend verschont bleibt. So gilt auch die Kritik der Umwelt in erster Linie der jüngeren Frau, die sich von einem älteren Mann angezogen fühlt: «Die hat ja wohl einen Vaterkomplex!»

Diese verächtliche Formulierung hat nur noch entfernt mit dem von Freud entdeckten Sachverhalt zu tun, daß Mädchen im Alter zwischen drei und fünf Jahren eine stark erotische Beziehung zum Vater haben. «Wenn ich groß bin, heirate ich den Papi!» Weil das aber nicht geht, so eine klassische Annahme der Psychoanalyse, entscheiden sich manche Töchter später für einen Mann, der ihrem Vater besonders ähnlich ist. Hierin liegt sicher eine, doch nicht die einzige mögliche Erklärung für die weibliche Wahl eines reiferen Mannes. Eine andere: Die Frau hat als Kind und junges Mädchen den Vater vermißt, sich einen Traum-Vater phantasiert und hält, wenn sie erwachsen ist, nach einem Mann Ausschau, der ihrem inneren Bild entspricht.

So scheint das bei Jutta zu sein. Ganz deutlich sagt sie: «So einen Vater hätte ich haben mögen!» Ist Bernhard ihr aber tatsächlich bloßer Vater-Ersatz? «Ja, natürlich», beeilt sie sich zu bestätigen, «ich bin schließlich unheimlich lieb aufgenommen worden von der ganzen Familie. Da käme mir gar nicht in den Sinn, was anderes von Bernhard zu wollen!»

Einmal ist ihr das doch in den Sinn gekommen. «Naja», schränkt sie etwas verlegen ein, «Bernhard sieht ja sehr gut aus. Man kann sich mit ihm weiß Gott sehen lassen. Und er ist immer sehr lieb und rücksichtsvoll. So einen könnte ich auch als Mann lieben... Wenn er mir zum Beispiel die Wagentür aufhält, schiebt er mich ganz zart ins Auto. Ich fühle, daß er mich gern berührt. Und mir ist das auch nicht unangenehm. Ich merke dann, daß er sich eigentlich mehr körperliche Nähe wünscht. Manchmal gebe ich ihm dann einen Kuß auf die Wange. Und wenn wir uns dann anschauen, wissen wir, daß da doch etwas anderes sein könnte.»

Auch Petra, die mit dem um 16 Jahre älteren Harald befreundet ist, ist für seine erotische Ausstrahlung empfänglich. Aber sie muß erkennen, daß er sich klar abgrenzen will: «Ich liebe dich, aber mehr so, wie ich meine Tochter liebe.» Trotzdem ist Petra gewiß: «Das Gefühl ist immer beteiligt. Ich genieße jede Berührung. In stillem Einverständnis gehen wir sehr sparsam damit um.» Erotik spielt in platonischen Beziehungen eine Rolle – verschieden sind die Formen, wie die Beteiligten mit dieser Spannung umgehen. Alle haben früher oder später die Erfahrung gemacht, daß es Momente gibt, in denen sich einer von beiden oder beide mehr körperliche Nähe wünschen.

Wie Bruder und Schwester

Die meisten Freundespaare, mit denen wir gesprochen haben, paßten altersmäßig zusammen wie Geschwister. In der Regel führte zumindest ein Teil daneben eine feste Partnerschaft. Dabei stellt sich stets die Frage: Wären beide frei oder nähmen sie es mit der Treue nicht so genau, wäre diese Beziehung dann ein Liebesverhältnis? Oder ist die vorgegebene geschwisterliche Verbundenheit vielleicht sogar nur eine Maske für eine heimliche Liebe? Ist das platonische Verhältnis möglicherweise nur ein Notbehelf?

Ein zumindest offiziell geschwisterliches Verhältnis führten die junge französische Schriftstellerin Aurore Dudevant (1804 bis 1876), die später unter dem Pseudonym George Sand berühmt wurde, und der Staatsanwalt Aurélien de Sèze aus Bordeaux. Aurore hatte mit 18 Jahren den Baron Casimir Dudevant geheiratet. Sie war damals unerfahren und ungestüm, neugierig und unternehmungslustig. Sie wollte lieber klettern und galoppieren als die große Dame sein. Sie steckte voller Lebenslust, die ihr Gatte nicht befriedigen konnte. Der war eher gelangweilt und oft müde. Es gelang Aurore nicht, ihn für Musik zu interessieren oder für Literatur. Und wenn sie zu ihm von ihren religiösen Gefühlen sprach, erklärte er das kurzerhand für eine überspannte Schwärmerei.

Da traf sie auf einer Reise in die Pyrenäen, die sie zusammen mit ihrem Mann unternommen hatte, den jungen Aurélien. Bei ihm fand sie verwandte Gefühle und Gedanken. Er liebte die Poesie. Mit ihm konnte sie reden. Er lauschte ihr fasziniert, und auch sie konnte ihm gut zuhören. Zudem fesselte Aurélien Aurores Schönheit. Er verliebte sich in sie. Doch er war verlobt, sie verheiratet. Aurore wollte ihn sofort zu seiner Braut zurückschicken. Aber er bat um ihre Freundschaft und um ihr Vertrauen. Und weil auch sie Feuer gefangen hatte, wollte sie ihm beides geben. Sie verbrachten viel Zeit zusammen in diesen Ferientagen. Dann kam der letzte Ausflug. Später schildert Aurore dieses Erlebnis so:

> «Bei der Grotte von Lourdes war es, am Rande des Abgrunds, da er Abschied von mir nahm, unsere Phantasie wurde auf das lebhafteste beeindruckt durch das Grauen dieser Stätte. ‹Im Angesicht dieser erhabenen Natur›, sagte er mir, ‹will ich dir beim Abschied den feierlichen Schwur ablegen, daß ich dich mein ganzes Leben wie eine Mutter, wie eine Schwester lieben und wie eine solche achten werde.› Er drückte mich an sein Herz, und dies war die größte Freiheit, die er sich mir gegenüber jemals herausgenommen hat.»[32] Offenbar überwältigt von ihren Gefühlen, reiste Aurore ab, denn sie notierte: «Pyrenäen, Pyrenäen, wer von uns beiden wird euch jemals vergessen können!»[33]

Aurore und Aurélien trafen sich wieder. Sie redeten über ihre Beziehung. Sie fühlten sich in der Klemme. Aurore wollte ihrem Mann nicht untreu sein, Aurélien wollte Casimirs Ehre nicht verletzen. Als Ausweg erschien ihnen: Wie Bruder und Schwester wollten sie leben. So wollten sie sich lieben.

Aurore versuchte, ihrem Mann Casimir klarzumachen, warum sie Aurélien brauchte. Sie sprach weniger von ihren Gefühlen als davon, daß sie mit ihm gleichrangig über Musik und Literatur reden könnte. Sie gab ihm zugleich zu verstehen, daß sie ihn für so hochherzig halte, daß sie ihm zutraue, ihr zu erlauben, ihren Neigungen, die er nicht zu den seinen machen konnte, mit Aurélien nachzugehen. Sie entwarf sogar eine Art Charta für ihre künftige Ehe. Darin versprach sie, beinahe alles so zu machen, wie es Casimir gefiel. Erst im letzten Artikel kam sie dann mit ihrer Bitte, nicht den nächsten, aber doch den übernächsten Winter wieder in Bordeaux zu verbringen, wo Aurélien lebte.[34]

Doch das zentrale Problem dieser platonischen Beziehung war ja gar nicht der Ehemann. Es lag vielmehr darin, daß Aurore versuchte, das, was eigentlich Liebe war, in die Form einer platonischen Liebe zu pressen. Sie wollte alles: untadelige Gattin sein und angebetete Geliebte. Eine Überforderung für alle Beteiligten. Um untadelige Gattin zu bleiben, setzte sie Aurélien harte Grenzen. Sie akzeptierte schließlich nur noch einen Briefwechsel und beschränkte den Inhalt zudem auf Themen, die mit Liebe nichts zu tun hatten.

Für sie selbst war klar: «Aurélien rechnet mit dem Sieg. Er hat ihn nur hinausgeschoben, weil er gewiß ist, ihn zu erringen. Wenn ich ihm diesen Sieg gewähren muß, werde ich daran sterben, und verweigere ich ihm diesen Sieg, werde ich sein Herz verlieren.»[35] Ein Verhältnis, das nur durch quälenden Verzicht möglich ist, kann nicht von Bestand sein. Aurore und Aurélien verloren sich.

Auch bei unserer Suche nach platonischen Verhältnissen in heutiger Zeit trafen wir auf einige Paare, die Liebesbeziehungen führen würden, fühlte sich nicht zumindest einer der beiden an jemand Dritten gebunden. Doch immer, wenn wir mit solchen Paaren sprachen, war schnell zu spüren, wie gefährdet der Bestand solcher Freundschaften ist. Manche dieser Beziehungen sind vielleicht gerade darum erregend anregend, wenn sie auch meist nicht lange halten. Von Bedeutung ist hier nicht die Dauer, sondern die Intensität.

Das Nichtausleben von sexuellem Begehren ist ein Kennzeichen jeder platonischen Liebe. Aber wenn es beginnt, die Gefühle zueinander zu belasten, steht eine Entscheidung an: Entweder gehen die beiden auseinander, oder sie leben ihre Liebe und trennen sich dann zumindest innerlich vom Partner.

In einer platonischen Beziehung, die nicht allein in der Maskierung einer heimlichen Liebe aufgeht, können die Freunde persönliche Probleme in großer Offenheit miteinander besprechen, auch die, die in ihren Partnerschaften auftreten. Barbara, die mit Axel befreundet ist, sagt: «Ich kann alles mit ihm besprechen, auch meine Intimgeschichten.» Ulla, die Werner «wie einen großen Bruder» liebt, erklärt: «Das Wichtigste ist: Ich kann mit ihm mehr besprechen als mit meinen Freundinnen. Und wenn ich bei meinen Partnerschaftsproblemen wissen will, wie ein Mann darüber denkt, so bespreche ich sie mit Werner, denn mein Partner ist dabei ja Partei.»

66

Zur Selbstverständlichkeit, mit der solche Schwierigkeiten beredet werden können, gesellt sich die Vertrautheit. Dietrich sagt von seiner Freundin Ulla: «Ich mag sie, weil sie sich so gut in mich einfühlen kann, weil sie spürt, wie es mir geht, ohne daß ich viel sagen muß. Ich empfinde ihr gegenüber ein brüderliches Gefühl. Durch den langen Zeitraum besteht zwischen uns eine große Vertrautheit, auch Unbeschwertheit, haben wir eine gemeinsame Basis. Jeder weiß vom anderen, wie er fühlt und denkt. Das hat eben etwas von einer geschwisterlichen Beziehung.»

Einer unserer Gesprächspartner war Stefan, 34 Jahre alt, Journalist. Seit acht Jahren lebt er mit seinem Freund Helmut zusammen, in einer homosexuellen Partnerschaft. Nach der Eröffnung einer Kunstausstellung lernte er durch gemeinsame Freunde Veronika kennen, die elf Jahre älter als Stefan ist. Zuerst fühlte er sich durch sie attackiert, provoziert, auf den Arm genommen. Doch die Kabbelei habe, meint er heute, von Anfang an etwas Erotisches gehabt. Seitdem haben sie sich häufiger getroffen, und zwar auch gleich mit Helmut, damit auch er Veronika kennenlernen konnte. Ob sie zu zweit oder zu dritt waren: Immer wurden es Abende mit angeregten und interessanten Gesprächen. Es geht um Kunst und um Politik, um Philosophie allgemein und um Anthroposophie. Die gemeinsame Begeisterung für diese Themen verbindet sie. Sie gehen auch oft gemeinsam ins Theater, ins Konzert, in Kunstausstellungen. Veronika verkörpert für Stefan aber vor allem eine gefestigte, in sich ruhende Persönlichkeit. Aber er sagt auch: «In unserem Verhältnis besteht eine starke erotische Komponente. Die leben wir aber nicht aus. Denn dadurch würden wir eher etwas zerstören. Diese ganz bestimmte Schwingung soll zwischen uns bestehen bleiben. Ich würde da nie etwas forcieren.»

Stefans Beispiel zeigt deutlich, daß ein Mann, der eine homosexuelle Partnerschaft hat, eben nicht reduziert ist auf Beziehungen zum eigenen Geschlecht. In verschiedenen Gesprächen wurde uns wiederholt gesagt, daß gerade Homosexuelle eine starke erotische Anziehungskraft auf Frauen haben können. Da der homosexuelle Freund mit ziemlicher Wahrscheinlichkeit nicht irgendwann einmal doch «das Eine» will, ist der Umgang mit ihm von vornherein unbeschwert, heiter und zugleich von seltener menschlicher Tiefe. Jenseits des sexuellen Begehrens bewegen sich die Geschlechter in einer ganz neuen Choreographie aufeinander zu, der gemeinsame Erfahrungsraum kann immer wieder neu in unbefangener Bewegung vermessen und erprobt werden. Homosexuelle können für eine Frau treue, brüderliche Freunde sein. Dies hat oft etwas von der Zärtlichkeit, vom interesselosen Wohlgefallen von Geschwistern, die in gegenseitigem Respekt voreinander erzogen wurden.

«Paul ist meine beste Freundin», diese Worte einer unserer Interviewpartnerinnen, einer 32jährigen Modeschneiderin, zeigen, wie ausgewogen weibliche und männliche Anteile in der Freundschaft zu einem Homosexuellen integriert sein können.

Freundespaare III:
Johann Wolfgang von Goethe und Charlotte von Stein

«O hätte meine Schwester einen Bruder wie ich an Dir eine Schwester habe!» schreibt Johann Wolfgang von Goethe an Charlotte von Stein, der er in einem Brief vorher bekannt hatte: «Du Einzige, die ich so lieben kann, ohn' daß es mich plagt.»[36]

In Goethes Leben haben Frauen immer eine bedeutende Rolle gespielt. Doch sein platonisches Verhältnis zu Charlotte von Stein übertrifft die Bedeutung aller anderen Frauen bei weitem. Es zeigt, was platonische Verhältnisse bewirken können. Und es zeigt auch, wo ihre Grenzen liegen.

Charlotte von Stein, 1742 geboren und somit sieben Jahre älter als Goethe, war, als sie Goethe 1775 kennenlernte, bereits seit elf Jahren mit dem herzoglichen Stallmeister von Stein verheiratet. Sie hatte mit ihm sieben Kinder. Vierzehn Jahre lang war ihre Beziehung zu Goethe von außerordentlicher Intensität. Sie sahen sich oft und schrieben sich außerdem Briefe, bisweilen drei an einem Tag!

Goethe, der oftmals, wenn die Beziehung zu einer Frau innig zu werden begann, mit der Angst reagierte, durch diese Verbindung seine Individualität, sein Ich zu verlieren, legte in dieser Hinsicht Charlotte von Stein gegenüber eine große Gelassenheit an den

Tag. Das allerdings hatte auch eine Kehrseite, die Goethe ebenso bewußt war: Leidenschaftliche Hingabe, das emotional höchste Glück würde es in dieser Beziehung nie geben. So schickte er Charlotte einmal dieses Gedicht:

> «Nur uns armen liebevollen Beiden
> Ist das wechselseit'ge Glück versagt,
> Uns zu lieben, ohn' uns zu verstehen,
> in dem andern sehn, was er nie war.
> Sag, was will das Schicksal uns bereiten?
> Sag, wie band es uns so rein genau?
> Ach, du warst in abgelebten Zeiten
> meine Schwester oder meine Frau.»[37]

Der Psychoanalytiker K. R. Eissler, der dem Seelenleben des Dichterfürsten eine ungewöhnlich große Studie gewidmet hat, erklärt dazu: «Ein Gefühl, das aus seiner frühen Beziehung zu seiner Schwester stammte, wanderte in seine Liebe zu Frau von Stein hinein, ohne Angst oder Fremdheit hervorzurufen, sondern vielmehr die Wonnen intimer Vertraulichkeit verheißend.»[38]

Selbst in intensiven Momenten geistigen Einklangs und seelischer Nähe war eine sexuelle Begegnung der beiden ausgeschlossen. Die tugendhafte Herzogin, nach Aussagen von Zeitgenossen ein eher lustfeindlicher Mensch, fühlte sich der Treue zu ihrem Mann verpflichtet und dem Sittenkodex der damaligen Zeit, die besonders Frauen höheren Standes in enge moralische Grenzen verwies. Goethe, der der verehrten Freundin in Gestalt der klugen «Charlotte», Hauptfigur in seinen *Wahlverwandtschaften*, ein Denkmal schuf, war offensichtlich ohne Schwierigkeiten imstande, seiner «Frau Maße», wie er sie nannte, «ohne körperliche Befriedigung nahe zu sein»[39].

Goethe war nach Auffassung Eisslers bewußt, daß er in seiner Liebe zu Frau von Stein eine Wiederholung seines Gefühls zu Cornelia, seiner Schwester, erlebte. Und er spürte, daß er diesmal nicht durch Schuldkomplexe belastet war, die aus einer in bezug auf Cornelia unbewußten Inzestangst herrührten. In der Liebe zu

Charlotte von Stein konnten sich darum jene Ängste lösen, die bisher jedes Verhältnis Goethes zu einer Frau belastet hatten, die eben auf diese tiefe, aus der Kindheit mitgeschleppte Angst zurückging, sich schuldig zu machen.

Sein anfängliches Gefühl für Charlotte von Stein ließ ihm vollen Spielraum im Umgang mit anderen Frauen. So konnte er zum Beispiel auch mit ihrer Hilfe die Trennung von seiner damaligen Verlobten Lili vollziehen, die erste Trennung, die bei ihm wenig Schmerzen auslöste.

Charlotte von Stein nannte Goethe idealisierend ihren «Heiligen». Damit wollte sie weit mehr zum Ausdruck bringen als nur den beiderseitigen Verzicht auf Sexualität: für sie verkörperte Goethe ein Idealbild vom Mann. Als Goethe sich zu Beginn seiner Weimarer Zeit mit jungen Leuten den Freuden eines den Zeitgenossen zügellos erscheinenden Lebens, den Wonnen des Amüsements hingab, verärgerte das nicht nur die Weimarer Gesellschaft. Die Freundin reagierte irritiert und besorgt, daß der Ernst, der zu Goethes Wesen auch gehörte, verlorengehen könnte. Mit Einfühlungsgabe und klarem Ziel vor Augen wirkte Charlotte von Stein auf Goethe ein. So konnte er die Anpassungs- und Entwicklungskrise bald überwinden. Sie half ihm auch später immer, wenn Hemmungen und Störungen in seiner Entwicklung oder in seiner Arbeit spürbar wurden.

Der Psychoanalytiker Eissler kommentiert: «Hier handelte es sich um eine Frau, die das Prinzip der Pflichterfüllung, der Anpassung und der Arbeit verkörperte, ganz entgegengesetzt seiner wilden Hingabe an die Leidenschaft des Augenblicks. Zu alledem war sie nicht aus selbstischen Gründen so, sondern weil sie ein Ideal vor Augen hatte. Sie zeigte ihm die Umrisse einer großen Aufgabe. Unter ihrer Führung fand er eine Sendung in seinem Leben – oder wenigstens zeitweilig muß es für ihn so ausgesehen haben.»[40]

Eissler glaubt übrigens, daß sich das Verhältnis Charlotte von Steins zu Goethe allmählich umformte, daß sie für ihn auch immer mehr mütterliche Züge gewann. Einmal schrieb der junge Dichter: «Sie kommen mir eine Zeither vor wie Madonna, die gen

Himmel fährt, vergebens daß ein Rückbleibender seine Arme nach ihr ausstreckt, vergebens daß sein scheidender tränenvoller Blick den ihrigen noch einmal niederwünscht, sie ist... nur voll Sehnsucht nach der Krone, die ihr überm Haupt schwebt.»[41]

Doch wirkte nicht allein Charlotte von Stein wie eine ältere Schwester oder wie eine Mutter auf Goethe ein. Die Einflußnahme funktionierte in dieser Freundschaft auf dem Prinzip der Gegenseitigkeit. Von Goethe erfuhr sie, daß man von Grundsätzen auch einmal abweichen muß, wenn man seine Grenzen finden will. Charlotte erkannte plötzlich, daß – wie Eissler formuliert – «der gefallene Engel alles in allem menschlicher ist und herrlicher als der gute und wohl angepaßte Engel, ja daß jener diesem vorzuziehen sei». Der Analytiker weiter:

> «Das besagt, daß alle die beunruhigenden Züge, die sie mit Bestürzung an Goethe wahrgenommen hatte, jetzt als Ausdruck des Kampfes des Menschen mit der Welt interpretiert wurden, die anders zu verstehen ihr als Beleidigung des Geistes und der Eigenart des Menschen schien. Das Abstößige wurde etwas Lebendiges, Tätiges, Bedeutungsvolles. Doch der Vergleich mit dem gefallenen Engel hat seine Implikationen. Es ist gut und richtig, ein gefallener Engel zu sein, aber doch nur, wenn man gefallen ist, weil man (aus Mißverständnis oder Übereifer) das Gute wollte, nur wenn Aussicht besteht, durch gute Taten wieder in die Schar der Seligen eingereiht zu werden.»[42]

Die platonische Beziehung bestand bis zu Goethes «Gewissensehe» mit Christiane Vulpius 1789. Es hat den Anschein, daß Charlotte auf Goethes Lebensgemeinschaft mit Christiane Vulpius (die er später heiratete) verletzt reagierte. Möglicherweise hat sie unbewußt doch die Ausschließlichkeit von Goethes Zuneigung ersehnt. Sie zog sich zumindest erst einmal zurück, und die geschwisterliche Beziehung nahm ein Ende. Zwar näherten sie sich später noch einmal, aber die Intensität dieser vierzehn Jahre erreichte ihre Freundschaft nie wieder.

Jakob und Adele
Freundschaft im Alter

Die Moralisten weihten das Alter der Keuschheit. «Das ist sehr kurzsichtig», bedauert Simone de Beauvoir. «Gewiß, normalerweise stellt sich die Begierde nicht um ihrer selbst willen ein: sie ist Begierde nach einem Genuß oder nach einem Körper. Wenn sie aber nicht mehr spontan entsteht, kann man dennoch bedauern, daß sie verschwunden ist. Der alte Mensch begehrt oft zu begehren, weil er die Sehnsucht nach unersetzlichen Erfahrungen bewahrt, weil er dem erotischen Universum verbunden bleibt.»[43]

Simone de Beauvoir, die so manche gesellschaftlichen Tabus entkräftet hat, versuchte auch, mit ihrem Buch *Das Alter* den sogenannten letzten Lebensabschnitt neu zu bewerten. Mit Recht. Denn immerhin macht die Phase des Alters heute – nachdem unsere durchschnittliche Lebenserwartung seit Jahrzehnten rasant steigt – etwa ein Viertel unseres Lebens aus. Und ein Viertel unserer Gesellschaft besteht aus Menschen, die als alt gelten. Niemand kann eine so lange Lebensphase als eine Art Restposten abbuchen vom Konto seiner Forderungen nach Glück.

Zum Glück, das alten Menschen zusteht, gehört auch eine von Tabus freie Gestaltung der Beziehungen zum anderen Geschlecht. «Je reicher und glücklicher das Geschlechtsleben gewesen ist, desto länger hält es im Alter an», schreibt Simone de Beauvoir.[44]

Doch: Zahlreichen wissenschaftlichen Untersuchungen zum Trotz steht das Tabu der Sexualität im Alter so fest auf dem Sockel wie die stählernen Denkmäler historischer Feldherrn zu Pferde. Wo gäbe es das alte Liebespaar im Kino, im Fernsehen, im Roman oder gar in der Werbung?

Zweifellos besteht da ganz konkret ein rein rechnerisches Problem: Die Lebenserwartung des Mannes nämlich liegt statistisch bei 72 Jahren, das der Frau bei 79. Und das bedeutet: Die Hälfte der über 60 Jahre alten Frauen ist verwitwet. Und auf 100 Männer von über 65 Jahren kommen 156 Frauen. Doch besagen diese Zahlen wenig über das Problem.

Der Psychologe und Publizist Ulrich Beer hat Seminarteilnehmer zum Begriff Alter frei assoziieren lassen. Dabei kam heraus: «Abbau, Krankheit, Verfall, Verkalkung, Weisheit, Sterben, Einsamkeit, Behinderung, Abhängigkeit, Hilfsbedürftigkeit, Starrsinn, Schlaflosigkeit, Erfahrung, Besserwissen, Schwerhörigkeit, weiße Haare, Brille, Gebiß, Krücke, Altersheim, Ruhe, Weltentrücktheit.»

Drei Viertel dieser Begriffe sind negativ. «In der Vorstellung der meisten ist Alter offensichtlich fast ausschließlich ein defizitärer Zustand», kommentiert Ulrich Beer.[45] Bei solchem Defizit-Image braucht ein alter Mensch schon ein unerschütterliches Selbstvertrauen, wenn er sich dennoch für anziehend, für attraktiv halten will, für jemanden mit erotischer Ausstrahlungskraft. Viele alte Leute haben dieses negative Bild vom Alter verinnerlicht, so daß sie, die immer mehr Freunde und Bekannte ihrer Generation durch den Tod verlieren, kaum noch auf neue Menschen zuzugehen wagen. Doch nur wer sich selbst für liebenswert hält, kann andere Menschen für sich gewinnen.

Die 66jährige Carola, über deren Freundschaft zu dem halb so alten Thomas wir bereits berichtet haben, sagt mit Blick auf ihren jungen Freund: «Normalerweise geht eine ältere Frau wie ich überhaupt nicht auf einen jüngeren Mann zu. Und genau da liegt der Fehler. Denn wenn man nicht auf die jüngeren Leute zugeht, dann passiert gar nichts. Ich jedenfalls habe noch nie erlebt, daß so ein junger Bengel auf mich zukommt. Aber ich weiß genau, daß die Jüngeren sich freuen, wenn man das tut. Von Thomas zum Beispiel weiß ich, wie gut es ihm tut, mit einer Älteren zu reden! Parallel ist es ja auch so, daß die Großeltern oft viel besser mit Kindern auskommen als die Eltern... Da gibt es manchmal viel mehr Gemeinsamkeiten, als man denkt.»

Ältere Menschen haben oft aus dem Bewußtsein, anderen Menschen nicht mehr viel «bieten» zu können, Schwierigkeiten, auf andere zuzugehen. Das gilt nicht allein mit Blick auf Junge, das gilt auch für Gleichaltrige. Ausnahmen sind selten. Und noch seltener sind Leitbilder.

Doch, es gibt eine, dem Fernsehpublikum der achtziger Jahre bekannte Ausnahme, ein Traumpaar, das eine erotische Freundschaft verband: Jakob und Adele, gespielt von Carl-Heinz Schroth und Brigitte Horney. Die oft wiederholte Serie macht älteren Menschen Mut, denn Jakob und Adele zeigen, wie jung und offen zwei Menschen innerlich bleiben können, wenn sie im Alter eine erotische Beziehung haben. Sie akzeptieren keine Tabus, kein Verbot, etwas zu tun, etwa weil das im Alter nicht mehr schicklich wäre. Sie schaukeln, wenn ihnen danach ist, auf einem Spielplatz, feiern Weihnachten am Mittelmeer. Alles, was ihnen ungewöhnlich erscheint, reizt sie. Und wenn in einem Kurheim für Senioren abends um zehn die Türen verschlossen werden – nun, man wird doch noch durch ein Fenster steigen dürfen!

Tun, was Spaß macht, auch wenn Adeles Tochter und ihr Schwiegersohn das Entsetzen packt – das ist das eine, was die nicht nur älteren Zuschauer begeistert. Das andere ist das gemeinsame Engagement für andere Menschen, die Hilfe brauchen. Und schließlich ist da die Zärtlichkeit, mit der die beiden miteinander umgehen. Wie sie sich ansehen, wie sie miteinander sprechen, wie sie sich berühren – das alles strahlt so viel Liebe aus. Das macht es schwer, sich vorzustellen, daß dies nur Schauspiel sein soll. Und das ist es auch nicht: Als Brigitte Horney 1988 starb, mochte der alte Schauspieler wirklich nicht mehr. Carl-Heinz Schroth spielte nur noch eine Episode, in der er verkörperte, was er in seinen letzten Monaten war: ein alter Mann, der um seine Freundin trauert.

Wir haben in diesem Buch schon mehrfach von Freundschaften im Alter erzählt, von solchen, in denen nur einer der beiden der älteren Generation angehörte, von der 74jährigen Rita zum Beispiel und ihrem 44jährigen Freund Heinrich, von der 66jährigen Carola und Thomas und anderen. Das sind platonische Verhältnisse, in denen elterliche Fürsorge und Liebe ebenso mitschwingen wie eine Art kindlicher Bewunderung für eine reife Frau oder eine starke Vaterfigur.

Wie wir gesehen haben, kann es für den älteren Menschen sehr aufmunternd sein, auf manche Verrücktheit der jüngeren einzugehen, mitzumachen und so mehr Spaß zu haben. Heinrich bestätigt das, wenn er von seinen Erlebnissen mit Rita erzählt: «Wir haben beide viel Sinn für verrückte Einfälle. Zum Beispiel das mit dem Elefanten: Ich schenkte ihr für eine gemeinsame Reise, zum Vertreiben der Langeweile während der Schiffsüberfahrt, ein Elefantenpuzzle. Wenig später tauchte sie bei einem Theaterbesuch mit einer seidenen Bluse auf, auf der vorn ein Elefant prankte. Und ich ließ mir sofort etwas Neues einfallen: Bei einer der nächsten Begegnungen kam ich mit einer Krawatte, auf der wiederum ein Elefant abgedruckt war.»

Zwischen vielen Freundespaaren, die sich im siebten oder achten Lebensjahrzehnt finden, besteht die stillschweigende Übereinkunft, nun bis zum Lebensende zusammenzuhalten. Jeder schenkt dem anderen Sicherheit, Geborgenheit, etwas, was viele alte Menschen entbehren müssen, wenn sie keine Freunde oder liebevolle Familienangehörige mehr haben.

Die 72jährige Linette berichtet zum Beispiel von dem Gefühl, mit den Problemen des Alters nicht allein dazustehen, sich auf den anderen verlassen zu können. Linette lernte den heute 75jährigen Harald vor vier Jahren bei einer Geburtstagsfeier kennen. «Es hat auf Anhieb zwischen uns gefunkt. Er hat mich ausgefragt nach meinem Nachnamen, nach meiner Adresse und so weiter. Und dabei hat er die ganze Zeit mit einem Feuerzeug gespielt. Und siehe da: Ein kleines Tonband war darin versteckt! Ich hab gesagt, ich zeig ihn an – wegen Datenschutz und so. Und sofort war die Flapserei in vollem Gange. Ich habe ihn dann nach Hause gefahren, denn er hatte etwas getrunken. Er hat den Kavalier alter Schule markiert, mit Handkuß und ‹gnädige Frau›. Er hat dann nach ein paar Tagen tatsächlich angerufen.»

Harald lebt schon lange von seiner Frau getrennt. Er hat Linette bald häufig zum Essen eingeladen, oft in Lokale, «in die ich schon immer mal hineinwollte, die mir aber zu teuer waren», lacht

Linette. Anfangs sprach er oft von Liebe. Er sagte Linette, was für eine tolle Frau sie sei, eine, die man mit der Lupe suchen müßte. Sie redete von Freundschaft. Er versuchte, ihr körperlich näherzukommen. Das wollte sie nicht, denn «dieser Bereich war mir zu kompliziert». Also grenzte sie sich deutlich ab. Immer und immer wieder fragte er sie, ob sie ihn nicht liebe. Schließlich sagte sie: «Naja, ein kleines bißchen lieb ich dich schon.» Aber sie hatte Verständnis für die Wünsche des Freundes: «Er hat gemeint, eine Frau auch in meinem Alter erwartet das.»

Vor einem Jahr wurde Harald plötzlich krank. «Er mußte ins Krankenhaus. Man hat Zucker bei ihm entdeckt. Er muß Diät leben und ist etwas geschwächt. Hinzu kam: Vorher war er als freier Unternehmer stets gut bei Kasse, nun steuert er das Geschäft so ein bißchen am Rande der Pleite lang. Die meisten derer, die er für seine Freunde hielt, wandten sich von ihm ab.» Linette besuchte ihn im Harz, als er dort zur Kur war. Eines Abends beim Essen sprach er aus, was ihn schon lange bedrückte: «Wenn du dir jetzt wie eine Krankenschwester vorkommst, wenn du zuviel Rücksicht auf mich nehmen mußt und ich dir alt und tüdelig vorkomme, dann müssen wir jetzt Schluß machen! Ich möchte dir nicht lästig werden, ich möchte nicht, daß unsere große Liebe so trübe endet.»

Da hatte er sich aber in Linette geirrt. «Genau das war», sagt sie heute, «eigentlich der Beginn unserer wirklich großen Freundschaft! Ich habe den Eindruck, daß er mich jetzt noch viel lieber mag als früher. Jetzt ist ihm meine Freunschaft so sicher, daß wir beide auf dem Sofa sitzen können, ganz dicht aneinander gekuschelt. Wir freuen uns über diese Wärme, es ist ganz viel Zärtlichkeit dabei – ohne irgendwelche sexuellen Hintergedanken.»

Für eine Freundschaft im Alter ist es unerhört wichtig, daß keiner von beiden Freundschaft mit Mitleid verwechselt. Linette charakterisiert ihre Beziehung zu Harald so: «Was meine Empfindung ihm gegenüber ausmacht, ist wirklich gewachsene Zuneigung, ein Geben und Nehmen auf kommunikativer Ebene. Wir können wunderbar miteinander lachen. Ja, und wir können herrlich miteinander streiten.»

Freundespaare IV:
George Sand und Gustave Flaubert

Ist es in jüngeren Jahren vielleicht schwierig und für manchen gar
unmöglich, ein platonisches Verhältnis aufzubauen, ergeben sich
im Alter durchaus neue Chancen. George Sand, von deren geschei-
terter Beziehung zu Aurélien de Sèze im vorigen Kapitel die Rede
war, jedenfalls ist ein Beispiel dafür.

George Sand klagte mit 63 Jahren einer wesentlich jüngeren
Freundin:

> *«Wenn ich mich prüfe, erkenne ich, daß die beiden beherrschenden
> Leidenschaften meines Lebens die Mütterlichkeit und die Freund-
> schaft gewesen sind. Ich habe die Liebe, die sich anbot, hingenommen,
> ohne sie zu suchen, ohne sie zu wählen, und so habe ich etwas ganz
> anderes hineingetragen und von ihr gefordert, als sie mir gab. Ich hätte
> in denen, die von mir Liebe verlangten, Freunde und Söhne finden
> können. Nach den beiden ersten Malen hatte ich nicht mehr das Recht,
> Freundschaft aufzuerlegen. Hierzu bedarf es moralischer Autorität.
> Die Männer lieben nur mit Widerstreben als Freunde. Sie, die mit
> der erstbesten Frau Sinneslust empfinden können, streben danach,
> die Sinne an den zärtlichen Gefühlen teilhaben zu lassen, die sie emp-
> finden.»* [46]

Erst in ihrem siebten Lebensjahrzehnt war ihr offenbar vergönnt,
was sie auch viel früher schon ersehnt hatte: Freundschaft. Sie
lernte den Schriftsteller Gustave Flaubert kennen. Sie besuchten
sich. Sie plauderten bis in den frühen Morgen. Sie schrieben sich
Briefe. «Alle Welt», begeisterte sich Flaubert, «ist Ihnen in Liebe
zugetan. Unter welchem Sternzeichen sind Sie denn geboren, daß
Sie in Ihrer Person so verschiedenartige, so zahlreiche und so selt-
same Tugenden vereinen? Ich weiß nicht, welche Art von Gefühl
ich Ihnen entgegenbringe, aber ich empfinde für Sie eine ganz besondere Zuneigung, die ich bislang für niemand verspürt habe…
Auch ich frage mich, warum ich Sie so gern mag. Geschieht es,
weil Sie ein berühmter Mensch oder ein so entzückendes Geschöpf
sind?» [47] Ein anderes Mal gesteht er: «Unsere nächtlichen Plaude-

reien waren wirklich so reizend. Es gab Augenblicke, da ich mich zurückhalten mußte, um Sie nicht wie ein großes Kind abzuküssen.»[48]

Gustave Flaubert und George Sand liebten beide die Literatur. Und sie schrieben beide. Dennoch waren sie grundverschieden. Sie schrieb manchmal dreißig Seiten pro Tag, während er sich den Kopf oft nächtelang zermarterte, um einen treffenden Ausdruck zu finden. Er bewunderte ihre Leichtigkeit, sie seine Gewissenhaftigkeit beim Schreiben. Wie nahe sie sich standen, zeigt auch, daß sie dieselben Menschen leidenschaftlich ablehnten. Auch das war ein fester Grund für ihre gegenseitige Offenheit. So gab es denn auch solche Briefe: «Verehrte, vom lieben Gott geschenkte Freundin, erheben wir brüllend unsere Stimmen gegen Herrn Thiers! Nein, nichts vermag eine Vorstellung davon zu geben, wie speiübel es mir bei dem Gedanken an diesen Einfaltspinsel von Diplomaten wird, der seine Dummheit auf dem Mistbeet des Bürgertums noch vermehrt!»[49]

Der Philosoph Friedrich Nietzsche hätte seine helle Freude an dieser Freundschaft gehabt, vertrat er doch die Maxime: «Will man einen Freund haben, so muß man auch Krieg für ihn führen wollen. Und um Krieg zu führen, muß man Feind sein können.»[50]

Auch das ist Leidenschaft

Das platonische Verhältnis
als historischer Zwang – ein Exkurs

Die vier Formen erotischer Freundschaft, die wir bis hierhin schilderten, stellten in der Vergangenheit große Ausnahmen dar. Nur wenigen außergewöhnlichen Frauen war es überhaupt möglich, eine platonische Beziehung zu einem Mann aufzubauen. Selbstbewußtsein und Selbstbestimmung beider Partner sind unverzichtbare Voraussetzungen dafür. Die meisten Frauen kamen erst gar nicht in den Genuß einer Erziehung zur Ichstärke.

Autonome Lebensmöglichkeit war viele Jahrhunderte lang für Frauen nicht vorgesehen. Sie hatten ausschließlich für Mann und Kinder dazusein. Bekanntlich bot man Mädchen keine qualifizierten Bildungschancen. Mädchen der Unterschicht durften allenfalls Lesen, Schreiben und Rechnen lernen, die Damen des Bürgertums hatten sich darüber hinaus im Befolgen der Anstandsregeln und im Klavierspielen zu üben, lernten Französisch, Handarbeiten und die Regeln einer gepflegten Konversation.

Im Verhältnis zum Mann wurde von der Frau Unterordnung verlangt, ja Demut. Entsprach eine Frau dieser Erwartung nicht, behandelte man sie bestenfalls nach der Devise «Der Widerspenstigen Zähmung», im ungünstigsten Fall galt sie als «alte Jungfer», der die gesellschaftliche Achtung versagt blieb. Unterwarf sie sich aber willig dem Mann, so erwartete sie ein Leben in Abhängigkeit. Das hatte Folgen, die über die Ehe hinaus alle menschlichen Beziehungen betraf, also auch freundschaftliche Beziehungen zum anderen Geschlecht, für die wir uns hier interessieren.

«Bist du ein Sklave? So kannst du nicht Freund sein.» Also sprach Friedrich Nietzsche mit der Stimme Zarathustras und fuhr fort: «Bist du ein Tyrann? So kannst du nicht Freunde haben. Allzu lange war im Weib ein Sklave und ein Tyrann versteckt. Deshalb ist das Weib noch nicht der Freundschaft fähig: es kennt nur die Liebe.»[51] So zynisch die Worte Nietzsches in unseren Ohren klingen, enthalten sie doch eine nicht unzutreffende historische Zustandsbeschreibung.

Dennoch gab es auch im 18. und 19. Jahrhundert die besagten Ausnahmen, Frauen, die sich nicht unterwarfen, die ihr Leben selbst in die Hände nahmen. Es gab auch ein paar Männer, die solche Eigenständigkeit bei Frauen zu schätzen wußten. So kam es auch damals schon zu einigen wenigen partnerschaftlichen Ehen und zu platonischen Beziehungen der bisher beschriebenen Art.

Manche ichstarke Frau allerdings verliebte sich in einen Mann, der von einer Gattin oder Geliebten nicht Ichstärke, sondern Demut erwartete. Solche Frauen hatten dann drei Möglichkeiten: Entweder erdrückte ihre Liebe die eigene Individualität, und sie nahmen der Liebe wegen ein Leben in Abhängigkeit auf sich. Oder sie entfernten sich aus dem Leben des geliebten Mannes und versuchten, ihre Liebe zu vergessen. Kathi Fröhlich zum Beispiel ging einen dritten Weg: Sie unterwarf sich nicht, wurde nicht Ehefrau, nicht Geliebte, blieb aber in der Nähe des geliebten Mannes und lebte mit ihm in einem platonischen Verhältnis.

Freundespaare V:
Kathi Fröhlich und Franz Grillparzer

Kathi Fröhlich verliebte sich in Franz Grillparzer, einen der bedeutendsten österreichischen Dichter ihrer Zeit (1791–1872): Kathi liebte und verehrte ihn. Und sie spürte, daß auch er sie liebte. Doch er tat sich schwer, sich und ihr diese Gefühle einzugestehen.

> «Du beklagst Dich», schrieb er ihr einmal, «daß meine Briefe nicht herzlich genug seien. Aber so wie es Leute gibt, die ein ins Übertriebene gehendes körperliches Schamgefühl haben, so wohnt mir ein ge-

wisses Schamgefühl bei, ich mag meinen inneren Menschen nicht nackt zeigen.»[52] *Das leidenschaftlichste Geständnis seiner Liebe: «Du abscheuliches Ding! Ich glaube gar, ich bin ich Dich verliebt!»*[53]

Die beiden verlobten sich und entlobten sich nach vielen inneren Kämpfen wieder. Die Widersprüchlichkeit ihrer Wünsche interpretiert Marie von Ebner-Eschenbach, die Grillparzer als Freundin begleitete, mit einem Satz: «Die beiden, die einander den Himmel schenken mögen, würden, unauflöslich verbunden, sich die Hölle bereitet haben.»[54]

Grillparzer war besonders empfindlich und erwartete viel Einfühlungsvermögen. Er selbst aber war grausam und kalt; kränkte und verstieß. Trotz allem war Kathi nie demütige Dulderin, sie gestattete sich, verärgert zu sein und ihren Unmut auch zu artikulieren. Sie war sich dennoch ihrer Liebe stets bewußt und verzog sich nicht in entlegene Schmollwinkel. Marie von Ebner-Eschenbach: «Ein kleiner Zufall vermochte ihn zu verstimmen und widerwärtig zu machen gegen seine Umgebung.»[55]

«Ich habe sie schon deshalb nicht heiraten können», gesteht Grillparzer der von Ebner-Eschenbach, «weil ich den Gedanken nicht ertragen hätte, daß es einen Menschen gibt, der das Recht hat, wann immer es ihm beliebt, in mein Zimmer zu kommen.»[56] Das klingt verdächtig nach Abwehr von Nähe, nach Angst, sich in einer intimen Beziehung nicht abgrenzen zu können, geistig-seelisch vereinnahmt zu werden. Diese Aussage entspricht offensichtlich der Egozentrik Grillparzers.

Abgesehen von Grillparzers Vorbehalten, war Kathi Fröhlich ihrerseits nicht demütig genug, Grillparzers Frau zu werden, die sich klaglos seinen Launen hätte beugen müssen. Trotz aller Widrigkeiten: Kathi liebte Grillparzer, auch die künstlerische Atmosphäre, in der er lebte. Sie genoß die häufige Gelegenheit, bei ihm viele interessante Menschen kennenzulernen. Zudem schmeichelte es ihr, die ihm an nächsten stehende weibliche Person zu sein. Wie bärbeißig Grillparzer auch immer war, auch er liebte ihre Nähe, freute sich darüber, daß sie viele seiner beiläufig hingeworfenen Gedanken aufschrieb. Er ließ sich gern von ihr verwöhnen. Und er litt oft darunter, wenn er sie wieder einmal verletzt hatte.

Als alter Mann ringt er sich sogar zu einem Heiratsantrag durch. Kathi Fröhlich lehnt aber ab. Marie von Ebner-Eschenbach deutet das so: «Was sie von ihm ertrug, weil sie es wollte, hätte sie nicht ertragen, weil sie es mußte.»[57] Wie groß Grillparzers Vertrauen in sie war, zeigte sich, als er sie zu seiner Erbin machte und ihr die Verfügung über sein Werk übertrug.

Wenn aus Liebe ein
platonisches Verhältnis wird

Die von Verzicht, von Ängsten vor Sexualität, von Tabus, dem
Moralkodex des 19. Jahrhunderts geprägte Spannungssituation,
die Kathi Fröhlich und Franz Grillparzer auflösten, indem sie sich
für ein platonisches Verhältnis entschieden, ist mit den Konflikten
heutiger Paare schwer zu vergleichen. Sexualität hat an Melodra-
matik eingebüßt, wird oft nüchterner gehandhabt, an intime Beziehungen wird nicht automatisch die Erwartung einer verbindlichen Partnerschaft geknüpft. «Bis daß der Tod euch scheide»:
Frühere Generationen mögen diesem Kirchenspruch inbrünstig
gelauscht haben, voll tiefer, innerer Zustimmung, bedeutete der
gemeinsame Schritt vor den Traualtar doch, daß man einander
gelobte, ein Leben lang verbunden zu bleiben, in Lieb und Leid, in
schönen wie in schweren Stunden.

Ein Leben lang!? Inzwischen wird jede dritte, in Großstädten
jede zweite Ehe geschieden. Und die Zahl jener, die die «nichtehe-
liche Lebensgemeinschaft» vorziehen, ist im Wachsen begriffen.
Die Absage an bürgerliche Konventionen, zugleich aber auch die
Ahnung, daß heutzutage vieles nur auf Zeit zu haben ist, mögen
zwei wichtige Ursachen dafür sein. «Heute haben Beziehungen oft
als einziges ‹Rohmaterial› die Gefühle; es fehlen inhaltliche Stüt-
zen wie gemeinsame Kinder, finanzielle Verpflichtungen oder fa-
miliäre oder religiöse Traditionen. Das ist an sich nichts Negati-
ves, macht die Partnerschaft aber anfälliger für Krisen»[58], so die
Paartherapeutin Rosemarie Welter-Enderlin.

Nach der Trennung

Trennung ist eine Erfahrung, die heute nur wenigen erspart bleibt. «Wer wird denn weinen, wenn man auseinandergeht, wenn an der nächsten Ecke schon ein andrer steht?» Jeder kennt dieses Muntermacher-Liedchen aus den zwanziger Jahren, das so tut, als gäbe es nichts Leichteres auf der Welt, als ein Verhältnis aufzulösen und ein neues wieder zu beginnen, ein flotter Reigen, Abschied und Willkommen, Willkommen und Abschied.

Nun mag das Ende einer quälenden, schon lange dahinsiechenden Beziehung durchaus als Befreiung erlebt werden. Das Ende einer «Körperfreundschaft», wie Botho Strauß sie beschreibt, hinterläßt keine großen Spuren: Wird die Liebe bloß als Kontakt zweier Hautoberflächen erlebt, als Sache rascher Triebbefriedigung, dann ist das Auseinandergehen sicher nicht schwer.

Ganz anders jedoch ist der Abschied von einer tiefen, lang dauernden Liebesbeziehung. Gleichgültig, wer von den Partnern letztlich den Anstoß zur Trennung gab: Immer wird ein Kontinuum unterbrochen; ein Stück der eigenen Identität, das der Partner – im Guten und im Schlechten verkörpert hat – geht verloren.

Therapeuten sind sich darüber einig, daß die Trennung von einem Partner eine der schwersten Krisen im Leben bedeuten kann. Wut, Zorn, Schuldgefühle, Enttäuschung, quälende Warum-Fragen – oft entsteht ein Chaos der Emotionen. Und nicht selten, aus Selbstschutz, aus übergroßer Kränkung endet das Ganze mit einem: «Ich will dich nie, nie wiedersehen!» Annäherung oder gar Versöhnung nach einer derart heftig erlebten Trennung sind etwas Seltenes – wie Psychologen, Eheberater und Rechtsanwälte aus ihrer Praxis wissen. Das gilt vor allem für die Ehescheidung. Das Auseinanderdividieren materieller Güter, hohe Versorgungsansprüche, der Streit um die Kinder – all das kann eine Trennung zu einer quälenden Prozedur machen, bei der im nachhinein oft jahrelang angestaute Gefühle zum Ausdruck kommen.

Und doch, so wollen wir in diesem Kapitel fragen: Gibt man mit der endgültigen Abkehr von dem einst doch geschätzten Partner nicht zugleich etwas Kostbares auf? Heißt das Nein gegenüber dem anderen nicht auch ein Nein zu sich selbst? Zumindest zu einem Teil der eigenen Persönlichkeitsentwicklung, der eigenen Vergangenheit, die mit der Abkehr vom anderen unbewältigt liegenbleibt, ohne die Chance einer Aufarbeitung der Beziehung und einer damit möglichen inneren Neuorientierung? Im folgenden geben wir ein Beispiel dafür, wie es einem Ehepaar gelungen ist, nach Auflösung einer 18jährigen Ehe eine ganz neue, platonische Beziehung zu entwickeln; eine Freundschaft, geprägt von Herzlichkeit und gegenseitiger Wertschätzung. Ein platonisches Verhältnis, in dem Eros eine erstaunlich verbindende Rolle spielt, sprühender und frischer als in der sexuell schon lange ermatteten Zeit der Ehe.

Wie kam es zu dieser Wandlung? Wir hatten das Glück, mit beiden Partnern sprechen zu können, einzeln, das heißt unabhängig voneinander. So ergibt sich aus zwei verschiedenen Seiten das Bild einer ungewöhnlichen inneren Entwicklung. Beginnen wir mit Ulla, einer 52jährigen Sekretärin in einem großen Verlag. Attraktiv, Haare und Kleidung topfit, patent, zierlich, gut gelaunt, herzlich und temperamentvoll – das sind die ersten Eindrücke von ihr. Ulla strahlt ein Gefühl von Wärme, Leichtigkeit und Lebensfreude aus, das sich rasch auf ihr Gegenüber überträgt. Momentan lebt sie in einer kleinen Dachwohnung allein, sie hat einen großen Kreis von Freunden und Freundinnen, den sie intensiv pflegt. Seit zwei Jahren ist sie fest liiert mit einem zehn Jahre jüngeren Maler. Als ihren besten Freund bezeichnet sie Helmut, ihren geschiedenen Ehemann, einen 55jährigen Postbeamten. 18 Jahre lang war sie mit ihm verheiratet, vor 13 Jahren haben sie sich scheiden lassen.

Die Darstellung ihrer Ehe klingt trostlos. Ulla: «Als wir heirateten, war ich 21 Jahre alt; er war 25 Jahre. Wir waren beide total unbedarft und unerfahren. Wir hatten uns immer weniger zu sagen. Es wurde eine Art Schweigeehe, eine innerlich tote Beziehung.» Im nachhinein ist für sie das allerschlimmste, daß Helmut von Anfang an ein falsches Bild von ihr hatte: Ulla, die Starke, die Unverletzbare, die Frau, die in allen Lebenslagen die Fahne hoch hält. Diese Rolle hatte sie schon als Kind spielen müssen, da ihr

Vater jung starb und sie als Älteste fünf jüngere Geschwister hatte großziehen müssen. Mit 15 Jahren schickte man sie in die Lehre, ohne nach ihren Wünschen und Gefühlen zu fragen, dazu hatte die überlastete Mutter weder Zeit noch Geld.

Nun, in ihrer Ehe mit Helmut, wurde ihr diese Rolle wieder auferlegt. Helmut, der Schwache, sah in ihr die große Mutter, die ihn versorgen mußte, die ihn aus der Kneipe holte, die ihn, wenn er zuviel getrunken hatte, und das tat er immer öfter, noch im Delirium in die Klinik fahren mußte, die ihn mitfinanzieren mußte, da er durch seinen Alkoholismus zunehmend arbeitsunfähig wurde.

Es blieb nicht aus, daß die temperamentvolle Ulla, sozusagen aus Trotz und zum Trost, ein Verhältnis mit ihrem damaligen Chef begann, der ihr heimlicher Lebensgefährte wurde. Nun bekam das falsche Bild, das Helmut bis dahin von ihr hatte, eine neue, in Ullas Augen schreckliche Färbung: Helmut beschimpfte sie als Ehebrecherin, als männermordendes Luxusweib, als Nutte, die es mit jedem treibt, als lesbisch, da sie zeitweise eine Frau in ihr Herz geschlossen hatte.

Dann geschah das Ungewöhnliche: Ulla, die «Starke», konnte plötzlich nicht mehr. Ihre Mutter und ihr Chef starben kurz hintereinander; sie verlor ihren Arbeitsplatz; Ulla stand vor dem Nichts; hatte einen Zusammenbruch. Sie, die bis dahin immer anderen Halt gegeben hatte, hätte nun selbst dringend eines Haltes bedurft. Doch von wem? Von Ehemann Helmut am allerwenigsten! Sein Schweigen, sein Trinken, seine ewig vorwurfsvolle Haltung wurden ihr jetzt unerträglich. Sie verlangte die Scheidung, auch wenn sie, nach dem damals geltenden Schuldprinzip, als «Ehebrecherin» schuldig geschieden wurde, ohne Anspruch auf einen Pfennig Versorgung. Die gesellige, stets nach außen gerichtete Ulla fand sich zum erstenmal in ihrem Leben ganz alleine in einer kleinen Wohnung, tagsüber arbeitete sie in einem ungeliebten, schlecht bezahlten Job. Ulla: «Es ging mir so elend wie noch nie. Zum erstenmal fing ich an, über mich nachzudenken. Dazu hatte ich ja während der ganzen Ehe nie richtig Zeit.»

Gedanken stürzten auf sie ein, ließen sie nicht schlafen. Sie begann, ihrem frischgeschiedenen Mann seitenlange Briefe zu schreiben, sie wollte, daß er lernte, sie endlich richtig zu sehen! Mit den Briefen, die sie größtenteils nicht abschickte, begann ein innerer Dialog, ein Prozeß der Selbstsuche und Bestandsaufnahme. Ulla: «Ich wußte im Grunde ja, was für ein liebenswürdiger, zuverlässiger Mensch er ist, dem ich konkret nichts vorzuhalten hatte – außer der Leere zwischen uns beiden. Wenn man so lange verheiratet ist, entwickeln sich eben bestimmte Muster. Vielleicht waren wir uns die ganze Ehe über nicht bewußt, was der andere eigentlich wirklich für ein Mensch war…»

Ullas zaghafte Annäherungen, ihre Briefe und kurzen Anrufe, bekamen zunächst nur eine Antwort: ein langes, trotziges Schweigen. Denn auch Helmut machte zu dieser Zeit einen wichtigen Prozeß durch. Helmut: «Nach der Scheidung stand ich vor dem totalen Nichts. Denn eigentlich war ja Ulla mein ganzes Leben gewesen, und das war nun plötzlich weg. Ich merkte, daß ich für mich selbst zu wenig Handwerkszeug hatte, um durchzukommen.»

Selbstmordgefährdet, fand Helmut eine Psychologin, die ihm in zweijähriger intensiver Gesprächstherapie langsam einen Weg zu sich selbst zeigte. «Wie's da drinnen aussieht, geht niemand was an…» Nach diesem Motto, das er heute «tödlich» findet, das er «haßt und verabscheut», war Helmut von klein auf erzogen worden. Er hatte gelernt, ein falsches Selbst zu entwickeln, «lästige» Gefühle wie Wut, Trauer, Neid, Eifersucht zu leugnen und zu verdrängen.

So stand er auch seiner patenten Ehefrau Ulla hilflos gegenüber: «Wenn Ulla eine offene Auseinandersetzung mit mir wollte, hab ich versucht, mich zu verdrücken. Ich war stets auf der Flucht. Ich hab geschwiegen, hab meine Gefühle in Alkohol ertränkt. Ich litt unter starken Verlassenheitsängsten. Und Ulla erschien mir so mächtig. Am liebsten hatte ich mich unter ihren Röcken verkrochen, hätte sie unter den Arm geklemmt und wär mit ihr auf eine einsame Insel gezogen…» Durch seine Gesprächstherapie und eine anschließende Selbsterfahrungsgruppe, in der er auch heute noch ist, hat Helmut auf leidvolle Weise gelernt, bei sich selbst das zu finden, was er bis dahin scheinbar immer nur bei Ulla gesehen und vermutet hatte: ein Gefühl der inneren Lebendigkeit und Lebenskraft, die Fähigkeit, offen auf andere Menschen zuzugehen, ja zu sich selbst zu sagen und zu den eigenen Gefühlen.

Nach zwei Jahren kam es zu ersten, vorsichtigen Annäherungen zwischen den beiden. Ulla: «Merkwürdig, jetzt konnte er mir zum erstenmal richtig zuhören. Stundenlang. Durch dieses Zuhören hat sich langsam eine Beziehung zwischen uns aufgebaut. Er hat sich immer wieder mit mir beschäftigt, mit meiner Person. Es begann ein ganz neues, wirkliches gegenseitiges Kennenlernen. Weil ich merkte, daß das falsche Bild von mir so langsam schwand, konnte ich dann auch von Mal zu Mal mehr zulassen, daß er mich auch schwach erlebt hat. Ich konnte in seiner Nähe plötzlich bitterlich weinen. Ich konnte Dinge sagen, die ich während unserer Ehe nicht gesagt hätte...»

Ulla und Helmut, zwei Menschen, die erst durch ein «furchtbares Tief» mußten, um zu sich selbst und damit zueinander zu finden. Die Schweizer Psychoanalytikerin Verena Kast spricht in diesem Zusammenhang von einem fundamentalen Lebensrhythmus:

> «Wir treten immer in Beziehung, trennen uns, was manchmal auch nur heißen kann, daß wir uns auf uns selbst zurückziehen, uns mehr mit uns selbst beschäftigen, und treten dann wieder neu in Beziehung. Dieser Rhythmus wird auch in lange dauernden Beziehungen mit dem gleichen Partner gelebt.»[59] Der Übergang von einer Phase zur anderen kann oft schmerzlich sein. Zumal, wenn zwei Personen wie Helmut und Ulla so lange Zeit der Wahrheit aus dem Weg gegangen sind. Beide mußten auf ihre Weise Trauerarbeit leisten. Sie ist, sagt Verena Kast, «die Emotion, durch die wir Abschied nehmen. Probleme der zerbrochenen Beziehung aufarbeiten und soviel als möglich von der Beziehung und von den Eigenheiten des Partners integrieren können, so daß wir mit neuem Selbst- und Weltverständnis weiterzuleben vermögen.»[60]

Menschen, die scheinbar leichtfüßig von einem Verhältnis zum anderen eilen, sind auf den ersten Blick vielleicht beneidenswert. Doch laufen sie sich im Grunde häufig selbst davon. Sie leiden oft unter einer Art «Wiederholungszwang», in ein neues Verhältnis schleichen sich schon bald wieder Spuren des alten ein. Kein Wunder, denn die eigenen, die Beziehung prägenden Anteile werden prompt auf den neuen Partner übertragen.

«Ohne dieses furchtbare Tief nach der Trennung hätte ich nie die Chance gehabt, zu mir selbst zu finden», sagt Helmut. Und, etwas pathetisch: «Die Bodenplatte des Lebens muß erst fürchterlich wackeln, wenn sich etwas Neues aufbauen soll.» Zu diesem Neuen gehört nicht nur, daß Helmut seit zehn Jahren glücklich verheiratet ist, daß er Freunde in seinem Leben unverzichtbar empfindet, daß er «trocken», das heißt, er trinkt keinen Alkohol mehr – dazu gehört vor allem auch eine neue Wahrnehmung seiner «alten» Ulla.

Helmut: «Wenn ich von ihr spreche, dann ist es so, als gäbe es zwei verschiedene Frauen, die Ulla aus der Zeit der Ehe, die ich auf ein Podest gestellt habe und bewunderte. Die ich aber auch als kühl empfand, reserviert, allwissend, bevormundend. Und dann gibt es die Ulla heute, die ich als geistvoll, warmherzig erlebe. Ich liebe vor allem an ihr, daß sie hilflos sein kann und schwach. Noch vor 15 Jahren hätte ich all das nicht sagen können!»

Helmut, der heute bei der Post im Sozialdienst tätig ist, macht einen vitalen, impulsiven Eindruck. Es ist auffallend, wieviel Zärtlichkeit und geheime Bewunderung in seiner Stimme schwingt, wenn er von der «neuen» – oder von ihm nur neu entdeckten? – Ulla spricht. Mindestens zweimal im Monat, mit Einverständnis seiner jetzigen Frau, trifft er sich mit Ulla, sie trinken Kaffee und gehen Hand in Hand spazieren, er repariert ihr etwas im Haushalt, hört ihr zu, wenn sie Probleme im Beruf hat. Von seinen Reisen schickt er ihr Karten; zum Geburtstag bekommt sie ihre Lieblingsblumen.

Helmut: «Die Freundschaft zu Ulla ist ideal – ein so vertrautes Verhältnis, ohne daß ich etwas von ihr will oder erwarte. Die Nachmittage mit ihr sind angenehm, so vertraut, so warm. Ich genieße das, und ich bin traurig, wenn ich wieder gehen muß.» Seitdem er sie anders wahrnimmt, realistischer, nicht mehr durch die Brille seiner alten Bemutterungsbedürfnisse, erscheint sie ihm als Frau erotisch attraktiver als in den Zeiten der auch sexuell zunehmend toten Ehe.

Helmut: «Für mich ist sie eine der schönsten Frauen, die ich kenne. Ich habe sehr warme, zärtliche Gefühle ihr gegenüber; ich berühre sie gern, wenn wir spazierengehen, Hand in Hand, wie Kinder. Manchmal, wenn ich sie zu Hause abhole und sie halb nackt an mir vorbeihuscht, zwischen Badezimmer und Kleiderschrank, dann merke ich, wie ich rot werde und rasch aus dem Fenster herausgucke, weil ich spüre: Hoppla, da ist ja noch was...» Dieses «Hoppla-Gefühl» setzt ihn aber nicht unter irgendeinen Vollzugszwang. Das empfindet Helmut gerade als das Schöne an seinem jetzigen Verhältnis zu Ulla; die erotische Spannung ist für ihn eine zusätzliche Bereicherung. Er weiß, daß Ulla mit ihrem jetzigen Liebhaber glücklich ist, er kann das ertragen und akzeptieren, ohne sie, wie einst, als «Nutte» beschimpfen zu müssen... Da er selbst viel stärker als früher in der Lage ist, die schönen Seiten des Lebens zum Beispiel mit seiner Frau zu genießen, braucht er anderen dieses Glück nicht madig zu machen.

«In der Hingabe an das, was wir nicht mehr von anderen Menschen bekommen, sondern aus uns selber entwickeln, beginnt unsere Energie wieder zu strömen», sagt der in Zürich arbeitende Psychotherapeut Peter Schellenbaum[61] über einen derart gelungenen Trennungsprozeß, denn: «nicht mehr die Trennung, sondern der verbindende Eros trägt jetzt unsere Lebensgestaltung». Dieser verbindende Eros kann zu einer neuen Haltung führen, indem er die frühere enge Lebenseinstellung öffnet und einer erotischen Grundhaltung Platz macht. Sie vereinigt nach Ansicht des Psychotherapeuten zwei gegensätzliche Einstellungen, die sich gewöhnlich ausschließen: «die dauerhafte, bewußte Beziehung nach innen zur eigenen Seele und die bewußte, dauerhafte Beziehung zur Außenwelt, eine grundsätzliche Offenheit zum Du»[62].

Dieses Pendeln zwischen Innen und Außen, zwischen Abgrenzung und Hingabe ist ein positives Modell platonischer Freundschaft. Ein Brückenschlag zwischen dem totalen Ja einer symbiotischen Beziehung und dem totalen Nein, wenn sie zerbricht.

Der Sex geht, die Liebe bleibt

Heute geht eine Vielzahl von Beziehungen, so wissen Therapeuten zu berichten, in erster Linie aufgrund sexueller Störungen auseinander. Dabei stellt sich das langsam «flacher» werdende Erleben von Leidenschaft und Sexualität mit erschreckender Regelmäßigkeit ein. Der Frankfurter Sexualwissenschaftler Martin Dannecker: «Am Beginn einer Beziehung, wenn auch nicht gleich am Anfang sexueller Aktivitäten, wird die Sexualität normalerweise groß und lustvoll erlebt. So stellt es sich jedenfalls einem von später her gemachten Vergleich dar.»[63] Aber, so Dannecker: «In sexuellen Beziehungen von Dauer senkt sich die Sexualität mit einer geradezu gesetzmäßigen Regelmäßigkeit von einem höheren Spannungs- und Befriedigungsniveau auf ein niedrigeres.»[64] Die anfangs leidenschaftliche Dimension im Erleben des Geschlechtsverkehrs verliert sich im Laufe der Zeit und läßt die Sexualität insgesamt «flacher» erscheinen.

Wenn Leidenschaft sich mit einer langen Dauer nicht verträgt, heißt das, daß auch die Beziehung damit beendet sein muß? Frühere Generationen hätten vermutlich über diese Frage gelacht: Ehen wurden über Jahrhunderte hinweg von gesellschaftlichen Erwartungen getragen, von der Bindung an Besitz, Eigentum, äußeren Normen zusammengehalten. Es ging eher um Sach- als um Gefühlswerte, die Glückserwartungen an den anderen waren längst nicht so hoch wie heute. Doch das Wort «Kameradschaftsehe» hatte in den Ohren unserer Großmütter einen guten Klang, auch wenn aufgeklärte Enkelinnen sich kichernd fragten, warum «die Alten» denn immer noch beieinander hockten, wo in ihrer Beziehung doch schon längst nichts mehr laufe, die Sexualität, falls überhaupt jemals lustvoll gelebt, zu einer rein platonischen Sache verkümmert sei...

Heute stellen sich die Fragen anders. «Beziehungsarbeit» ist angesagt. Was läuft und was nicht läuft, was am anderen toleriert wird und was nicht, wie glücklich man sich gegenseitig machen darf und wie unglücklich – mehr denn je müssen diese Fragen in der Beziehung selbst erarbeitet werden. Ihr Schicksal «hängt sehr viel mehr als früher von der Lernfähigkeit der Beteiligten und von einer gewissen Flexibilität ab»[65].

In letzter Zeit mehren sich die Hinweise darauf, daß immer mehr Menschen den Wunsch haben, ihre Liebesbeziehungen möglichst auf Dauer anzulegen. Treue ist bei jüngeren Menschen angeblich wieder höher im Kurs. Auch ansonsten gibt es in unserer vielgeschmähten Ex-und-hopp-Gesellschaft viele, die das Ideal einer Trias von Leidenschaft, Liebe und Sexualität als auf Dauer nicht praktikabel erleben. Versuche zeichnen sich ab, getragen vom Wunsch, nach dem Abflauen der sexuellen Leidenschaft wenigstens doch etwas zu erhalten: die platonische, wie Experten sagen, die «desexualisierte» Liebe zueinander.

«Wenn ich mein Leben betrachte, so habe ich eine Idealform zwischengeschlechtlicher Beziehung gefunden», erzählt uns in diesem Zusammenhang Jürgen, ein 53 Jahre alter Architekt, überzeugter Junggeselle, der wohl nicht zufällig in seinem Haus kostbare Antiquitäten neben hochmoderne Möbel stellt. Seine Idealform erklärt er so: «Ich versuche stets, eine sexuelle Beziehung nach ihrem Ende in einer neuen Form weiterleben zu lassen und sie desexualisiert fortzusetzen. Dabei ist es fast egal, ob ich derjenige bin, der abgehängt wurde und noch sexuelle Bedürfnisse hat, oder ob es umgekehrt bei mir zuerst aufgehört hat – in beiden Fällen habe ich die Tendenz, die Beziehungen fortzusetzen, die notwendigen Wandlungen mitzumachen und daraus etwas Positives zu ziehen.»

Bei all seiner spürbaren Sinnlichkeit, Lebenslust und Freude am Neuen läßt Jürgen das Wort von der «Wegwerfbeziehung» nicht gelten. Für ihn ist ein Verhältnis ein «wertvolles soziales Gebilde», ein gemeinsam gebautes Haus, in das man eine Menge investiert hat, zum Beispiel ein Stück eigener Identität.

Kein Haus, sogar ein kleines Schloß in seinem Leben – das ist die 46jährige Marie, mit der er 13 Jahre innig zusammenlebte. Während Jürgen, polygam, hin und wieder mal arglos fremdging, blieb Marie ihm treu. Er ermutigte sie, es doch auch mal mit einem anderen zu probieren – «schließlich war es damals die Zeit der Experimente» Als es dann tatsächlich passierte, blieb Marie für immer

« Wenn man reich ist …

...kann man sich den Luxus leisten, anderen zu mißfallen», meinte Aldous Huxley. Und Oscar Wilde hat erfahren, daß «es besser ist, ein festes Einkommen zu haben, als bloß faszinierend zu sein.»

Man sieht: auch Geld hat seinen Stellenwert im Zwischenmenschlichen. Ob das Verhältnis dazu nun eher platonisch oder erotisch ist – meist gilt, was Bertolt Brecht gesagt hat: «Die Macht hat stets, wer zahlt.»

weg. Nun war Jürgen das Opfer, aber erkenntlich gleichzeitig der Täter. Jürgen: «Ich habe Marie, dieses Lebensschloß, wohl oder übel freigeben müssen. Eine Anzahl netter Menschen ist jetzt dort eingezogen, ich gucke ab und zu mal über den Zaun, freue mich, daß es belebt ist, daß es da ist und ich sagen kann: Ich habe es mitgebaut.»

Drei, vier Jahre hat es gedauert, bis er den Auszug seiner Marie verdaut hatte. Es gab für ihn Phasen der Verunsicherung, der Trauer, der Irritation, aber, so betont er, niemals eine «aggressive Abwendung». Schließlich war es Marie, von der immer wieder neue Signale kamen, es weiter zu versuchen, mit dem Unterton: «Ich habe dich gemocht, und ich mag dich immer noch. Nicht mehr in dem Sinne: Du bist mein Partner, sondern eher: Sei mein Freund.» Und heute? Marie ist glücklich verheiratet, hat zwei Kinder, zwei-, dreimal im Monat schaut Jürgen bei ihr vorbei. Dabei trete er ein «in eine alte Geborgenheit», die ihn umfängt wie eine Heimat, in der er sich ausruhen kann. Doch was ist aus dem sexuellen Begehren von einst geworden?

Jürgen: «Ich finde sie immer noch sehr attraktiv. Es ist sehr eigentümlich, manchmal stehe ich vor ihr, gucke sie lange an, und unter ihrer jetzigen Erscheinung taucht dieses Mädchen von damals auf, das ich so geliebt habe. Ich versuche dann manchmal, Bilder zu motivieren, wie ich damals mit ihr geschlafen habe. Ich schaue wie auf einen inneren Film, mache das noch einmal lebendig in mir. Das ist wie eine Rekonstruktion. Manchmal mobilisiere ich meine sexuelle Phantasie, um mich selbst zu prüfen, ob da nicht doch noch irgend etwas glimmt. Ich merke dann aber, das ist nicht mehr da, und das ist jetzt auch nicht mehr wichtig. Aber es ist eine intensive Zuneigung an die Stelle des sexuellen Verhältnisses getreten, die wirklich etwas bringt. Die Zuneigung von damals ist voll erhalten. Ja, ich möchte fast sagen, die Liebe.»

Ein gutes Beispiel dafür, wie es gelingen kann, einen Menschen loszulassen, ohne auf die Liebe zu ihm zu verzichten. Die Souveränität, ja die Leichtigkeit, die Jürgen an den Tag legt, ist vielleicht auch dadurch zu erklären, daß Jürgen niemals ein symbiotischer Mensch gewesen ist. Niemals hat er sich angstvoll und ausschließlich nur an eine Person, in diesem Fall an Marie, geklammert; das trifft auch für seine heutige Situation zu.

Jürgen: «Eine sexuelle Beziehung in ein platonisches Verhältnis umzuwandeln, das schafft man nur, wenn man nicht aus der Notdurft heraus lebt. Ich zum Beispiel fahre Beziehungen immer parallel. Wenn etwas zusammenbricht, ist schon etwas Neues da, was noch nicht die Qualität des Alten hat, aber bereit ist, sie anzunehmen. Insofern bin ich nicht so schrecklich verletzt und am Boden zerstört, wenn eine Beziehung in die Brüche geht. Und ich bin auch nicht so wahnsinnig hilflos wie andere, die dann den Hammer nehmen und alles klein und kaputt hauen.»

Jürgen ist Patenonkel von Maries erstem Kind, und er ist stolz darauf, weil er ihr sich jetzt in einer neuen Rolle verpflichtet weiß. Seine platonische Liebe allerdings kann er, wie gesagt, nur in dieser scheinbaren Selbstverständlichkeit leben, weil er gleichzeitig eine Geliebte hat, eine «hochvitale, sexuelle Beziehung», die ihm die gewünschte Aufregung liefert, Spannung, einen vibrierenden Gegenpol zu der sanften platonischen Beziehung zu Marie, die ihm seiner Ansicht nach nur deshalb soviel Geborgenheit liefern kann, weil «das sexuelle Moment heraus ist». Jürgens Beziehung zu Marie – ein lebendiger Beleg für eine These des Sexualwissenschaftlers Martin Dannecker: «Die auf Sexualität gründende leidenschaftliche Liebe mag zwar nicht dauern, aber sie kann doch die Bedingung der Möglichkeit für eine dauernde Beziehung liefern, eine Beziehung, die gemessen an ihren Anfängen indes vergleichsweise desexualisiert ist.»[66]

Gerade die Tatsache, daß sein Verhältnis zu Marie einst sexueller Natur war, läßt in Jürgens Augen die platonische Beziehung von heute besonders stabil erscheinen. «In ihrem Fall», sagt der Architekt, «wurde eben nicht nur das Dach gedeckt, da wurden auch die Fundamente gelegt...»

Man kann nur tolerant und versöhnlich sein, wenn es einem selbst gutgeht – diese Erfahrung hat Jürgen immer wieder gemacht an den Nahtstellen seines Lebens, wenn ein Verhältnis endete und ein anderes an dessen Stelle trat. Seine Autonomie, seine geringe Verletzbarkeit, seine Treue zum Alten und seine Offenheit gegenüber dem Neuen – all das könnte nach beneidenswerter Lebens- und Liebeskunst klingen, wäre da nicht die resignative Erkenntnis: «Bei meinen Liebesbeziehungen geht es mir so: Je älter ich werde, desto mehr komme ich mir vor wie Hans im Glück. Zuerst hatte ich einen Goldklumpen, den habe ich im Laufe meines Lebens gegen etwas Geringeres eingetauscht und so fort bis heute. Lebensgeschichtlich betrachtet habe ich früher noch Schlösser gebaut. Jetzt nagele ich nur noch kleine Hütten. Die Schlösser, wie damals Marie, habe ich losgelassen – doch wie viele Stunden an hoher Lebenskraft habe ich da doch investiert. Das kann man nicht oft in einem Leben, und man tut es eher früher als später.»

Freundespaare VI:
Simone de Beauvoir und Jean-Paul Sartre

Wäre eine Beziehung denkbar, in der eine solche Investition erhalten bleibt – und womöglich noch Zinsen abwirft? Eine Beziehung, in der von Anfang an die Bedingungen ausgehandelt werden, unter denen sie ein Leben lang bestehen kann – bis zum Tod? Eine mögliche Antwort darauf könnte sich in dem radikalen Lebensentwurf des französischen Philosophen Jean-Paul Sartre und der Schriftstellerin Simone de Beauvoir finden. Ihre Beziehung galt für mehr als eine Generation als Ideal, ein ungewöhnliches Modell von Liebe in Freiheit, ein Gegenentwurf zu bürgerlichen Konventionen. Die beiden haben nie geheiratet. Sie wohnten nie zusammen. Sie hatten keine Kinder. Sie waren nie monogam. Sie haben sich immer gesiezt. Sie haben, wie einem Interview mit Alice Schwarzer zu entnehmen ist, seit Mitte der vierziger Jahre nicht mehr miteinander geschlafen.[67] Und doch sind sie einander, bis an ihr Lebensende, die wichtigsten Menschen geblieben.

Als sie sich 1929 kennenlernten, war sie 21 und er 23 Jahre alt. Beide bereiteten das philosophische Staatsexamen vor. Sartre entsprach genau dem Ideal, das die Tochter aus gutem Hause von dem Mann ihrer Wahl hatte. Er sollte eine Art Doppelgänger ihrer selbst sein, aber «überlegen an Intelligenz, Bildung und Autorität»[68].

Aus seiner Sicht hatte Simone den Vorzug, «die Sensibilität einer Frau mit der Intelligenz eines Mannes» zu verbinden.[69] Wie die Psychoanalytikerin Margarethe Mitscherlich feststellt, war Simone eine Frau, die offensichtlich seinen «narzißtisch-intellektuellen Bedürfnissen» voll entsprach. Sie war für ihn «die ewig verzeihende, ihn verteidigende, aber auch kritische und starke Mutter», die er in seiner Kindheit oft entbehrt hat.[70]

Der Entschluß, sein Leben mit Simone zu teilen, bedeutete für den Frauenfreund Sartre keineswegs, ein Leben in Monogamie zu verbringen. So kam es zu dem berühmten Pakt fürs Leben: Neben ihrer «notwendigen Liebe» sollte es auch «kontingente» Liebesbeziehungen geben können, ernsthafte Leidenschaften, die in ihren Lebensbund eingeschlossen wurden, ohne ihn dadurch zu zerstören.

Für Simone war Sartre der erste Mann, mit dem sie eine körperliche Beziehung hatte. Als alternde Frau, in einem ihrer letzten Interviews mit Alice Schwarzer, schildert sie ihr Zusammensein mit Sartre so: «Für mich war die Sexualität mit Sartre in den ersten zwei bis drei Jahren sehr, sehr wichtig, da ich die Sexualität ja mit ihm entdeckte. Später ließ es zwischen uns nach, weil es eben für Sartre auch nicht die Bedeutung hatte. Obwohl wir noch 15 oder 20 Jahre lang sexuelle Kontakte hatten, spielte die Sexualität in unserer Beziehung in der Tat keine so große Rolle.»[71] Hat also Simone de Beauvoir leichten Herzens ihren Platz in seinem Bett geräumt und fröhlich in seine immer wieder neuen Liebesbeziehungen eingewilligt? War es ihr also aufgrund der langsam zurücktretenden sexuellen Bedürfnisse leicht, die «hilfreiche, vernünftige Schwester» zu spielen, eine Art «Mutterfigur, als ob sie die Hauptfrau in einem Harem wäre»[72]? Keineswegs! In ihren zahlreichen Briefen und Werken ist herauszulesen, daß das Einhalten des anfangs geschlossenen Paktes ihr zunächst nicht leichtfiel. Schmerzen quälender Eifersucht hat sie anfangs durchaus gekannt.

Eine Hilfe, das sexuelle in ein platonisches Verhältnis zu wandeln, war zweifellos eine weitere zu Beginn ihrer Beziehung geschlossene Verabredung: weder einander je zu belügen, noch etwas voreinander zu verbergen. Alles zu sagen, völlig transparent für den anderen zu sein, die Beziehung ins Zeichen absoluter Freiheit und absoluter Wahrhaftigkeit zu setzen, auch dieser Entwurf hat sich auf die Dauer bewährt. Er setzt Gleichrangigkeit, Autonomie voraus und «positive Gegenseitigkeit».

Diese positive Gegenseitigkeit bezeichnet der Heidelberger Familientherapeut Helm Stierlin als wesentliches Merkmal einer lebendigen, sich bewegenden Beziehung, die durch diese Bewegung notwendigerweise immer weitere und tiefere Persönlichkeitsbereiche der Partner erfaßt. Die Fähigkeit zum Dialog, die Achtung vor dem Wesen des anderen; vor allem die Bereitschaft zur ernsthaften Konfrontation der Partner nennt Stierlin als innere Voraussetzung einer veränderungsfähigen und sich ständig vertiefenden Beziehung: *Das Tun des einen ist das Tun des anderen*, heißt programmatisch das Buch [73], in dem er diese Dynamik menschlicher Beziehungen darlegt:

> *«Es muß in der Beziehung Raum für Gegensätze und Konflikte enthalten sein, worin sich die verschiedenen Positionen voneinander abgrenzen können und Probleme definieren und lösen lassen. Positive Gegenseitigkeit bedeutet daher nicht eine Art permanenter, ungetrübter und nicht zu trübender Harmonie der Partner. Die Harmonie, welche eine positive Gegenseitigkeit kennzeichnet, erwächst auf dem Boden überstandener Konflikte und anerkannter Differenzen. Sie kann mit einem Minimum von Illusionen hinsichtlich des Partners auskommen.»* [74]

Während Liebe auch einseitig sein kann, denn es gibt ja auch die Liebe zum Unbeseelten, zum Wein, zum Geld, so ist, nach Auffassung von Stierlin, die von ihm beschriebene positive Gegenseitigkeit vorrangig ein Kennzeichen der Freundschaft.

Dieser auf Wechselwirkung und ständige Transparenz angelegte Austauch von Gedanken und Gefühlen kennzeichnen die über 50jährige «notwendige» Liebe und Freundschaft zwischen Simone de Beauvoir und Sartre. In einer dem Leser fast grausam anmutenden Aufrichtigkeit – manchmal schrieben sie sich täglich drei Briefe – haben sie sich gegenseitig all ihr Tun anvertraut; nur so gelang es ihnen, mit einem «Minimum von Illusionen hinsichtlich des Partners» auszukommen.

Nicht die Sexualität, die gemeinsame geistige Produktivität war letztlich Basis ihrer Beziehung. Schreiben war und blieb für beide der fundamentale Lebensentwurf; intellektuell fühlten sie sich viel zu selbstbewußt, um befürchten zu müssen, daß eine andere Person wichtiger werden würde. So gelang es ihnen, die «kontingenten» Liebesbeziehungen, die auch Simone nach der sexuellen Loslösung von Sartre lebte, in ihre Gefährtenschaft zu integrieren. Eifersucht im alltäglichen Sinn spielte später keine bedeutsame Rolle mehr. Simone de Beauvoir: «Wir waren von gleicher Art, und unser Bund würde so lange dauern wie wir selbst.»[75] Manchmal gingen die beiden sogar, mit ihren jeweiligen neuen Liebesgefährten, gemeinsam auf große Reisen, als «kleine Familie» sozusagen.

«Das leidenschaftlich Neue wird nur durch jene Form der Liebe relativiert, welche, wenn auch nicht mit Notwendigkeit, nur die Dauer erzeugt»[76], betont in diesem Zusammenhang Martin Dannecker und plädiert für eine Umstrukturierung der bisher geltenden sexuellen Ordnung: «Sollte in den Menschen tatsächlich die Fähigkeit wachsen, zwischen ihren leidenschaftlichen Wünschen und ihrem Bedürfnis nach dauernder Liebesbeziehung differenzieren zu können, würden Liebe und Lust sich nicht mehr gegenseitig schmälern.»[77]

Jahrzehnte vor derartigen Überlegungen haben Sartre und Beauvoir dieses Modell praktiziert. Bis zu ihrem Tod haben sie das Bedürfnis nach einer dauernden Liebesbeziehung gelebt und sind sich auf ihre Weise treu geblieben, bis daß der Tod sie schied. Simone hat den schwerkranken Gefährten bis zum Ende begleitet, hat mit ihm die «Zeremonie des Abschieds» durchlitten.

Erotische Anziehung unter Freunden – ein delikater Schwebezustand

«Freundschaft tut immer gut, Liebe dagegen kann sehr verletzen.»

Seneca

Die Freundschaft ist weich, warm und weiblich. Sie eifert nicht und treibt nicht Mutwillen. Sie bläht sich nicht auf und stellt sich nicht ungebärdig. Sie sucht nicht das Ihre und läßt sich nicht erbittern. Sie verträgt alles, duldet alles, tröstet. Sie ist ohne Angst, Leere, Zwang und Scham. Sie bereichert und einigt. Sie schafft Weibliches im Männlichen und Männliches im Weiblichen. Sie rettet Verlorenes als Gegenwart und schafft Zukunft aus dem Verlust. Sie ist befreiend für die angespannte Seele, belebend für die verhärtete, stärkend für die kranke. Freundschaft macht die kleine Seele groß...

So etwa könnte das Hohelied der Freundschaft klingen, angelehnt an *Das gemeine Lied der Liebe*, das der Frankfurter Sexualwissenschaftler Volkmar Sigusch in einem gleichnamigen Aufsatz singt.[78] An der Liebe, dieser sublimen Verbindung zwischen romantischem Gefühl und sexuellem Begehren, läßt der Wissenschaftler dagegen kein gutes Haar. So, wie er ihr im Alltag begegnet, nennt er sie egozentrisch und asozial, eine nahe Verwandte des Wahnsinns und der Sucht; eine Orgie gemeinster Quälereien: «Die Liebe ist voll raffinierter Erniedrigung, wilder Entmächtigung, bitterer Enttäuschung, boshafter Rache und gehässiger Aggression... Zu ihr gehören Gefühle der Not, nicht des Wohlbehagens: Haß, Angst, Wut, Schuld, Schwäche, Niederlage, Neid und eifernde Sucht. Auf dem Weg der Liebe befriedigt sich der eine durch und am anderen... Liebende machen einander gefügig. Nur dabei schlägt ihnen keine Stunde.»[79]

Ein trostloser Befund. Sigusch steht nicht allein mit der Vermutung, daß in der Leere und Kälte der Arbeitswelt das Selbstwertgefühl des Menschen gelitten hat, und in der Folge seine Bindungsfähigkeit und seine Angst vor Nähe und vor Verpflichtung aus Ichschwäche immer größer geworden sind. Zugleich läßt die Kälte der modernen Industriegesellschaft den Wunsch nach einem geliebten Wesen, das die innere Leere wie eine Plombe stopft, ins Unermeßliche wachsen. Daraus resultiert eine Erwartung, die zwangsläufig scheitern muß. Denn niemand kann einem auf Dauer «ein und alles» sein, eine Entschädigung für das, was man sonst nicht kriegt.

Erschwerend kommt etwas anderes hinzu. Liebesbeziehungen und Lusterleben haben auch noch im Erwachsenenalter zu tun mit den ersten, prägenden Empfindungen und Erfahrungen der frühen Mutter-Kind-Beziehung. Seelische Gegenwart erzählt auch immer etwas über seelische Vergangenheit. Und: Wohin die Liebe fällt, das hat oft wenig mit Vernunftgründen zu tun. Tiefenpsychologen weisen darauf hin, wie frappierend die Zielsicherheit unbewußter Steuerung bei der Partnerwahl ist. Auch sie hat zu tun mit der frühkindlichen, oft ein Leben lang prägenden Orientierung, der «Objektwahl».

«Es hat mich plötzlich erwischt»; «es hat mich getroffen wie ein Blitz aus heiterem Himmel»; «und da hat's Zoom gemacht»... Es gibt eine Fülle von Formulierungen in der Alltagssprache, die zeigen, daß Verliebtheit etwas zutiefst Irrationales hat. «Es» passiert mit mir. Egal, ob es gut für mich ausgeht oder schlecht...

Liebe schafft oft Leiden: Die Ursprünge dieser Erkenntnis sind vielfach verzweigt und reichen weit zurück in die abendländische Kultur. Dazu gehört die tiefe Skepsis schon der griechischen Philosophen gegenüber jeder leidenschaftlichen Regung, weil sie das von ihnen so geschätzte Gleichgewicht des Gemüts gefährde. Platon nennt einen Verliebten notwendig irrsinnig. Sophokles freut sich, daß er in höherem Alter dem Liebeswillen, diesem «gewalttätigen und rohen Herrn», entkommen ist.

In einem der wenigen Bücher, die sich systematisch mit dem Thema Freundschaft auseinandersetzen, läßt der Autor Alexander von Gleichen-Rußwurm Philosophen verschiedener Jahrhunderte sprechen.[80] Für sie ist Liebe für ein vernunftbegabtes

102

Geschöpf «etwas Fürchterliches», «weil das Wohl und Wehe von einem Wimpernzucken abhängt». Dieses Leiden werde oft dadurch verschärft, daß «Eros die unterschiedlichsten Paare zusammenspannt. Die Freundschaft dagegen, seine ältere, bedächtigere Schwester, muß mit zartem Fuß zurückscheuen vor allzu schweren Hindernissen.» Und Seneca beobachtete vor etwa 19 Jahrhunderten: «Freundschaft tut immer gut, Liebe dagegen kann sehr verletzen.»[81]

Die Unterschiedlichkeit der Paare, die Unerfüllbarkeit der Liebe, die damit verbundenen Schmerzen bilden seit der mittelalterlichen Minne ein Hauptmotiv der Literatur. Werke wie zum Beispiel Tristan und Isolde, Romeo und Julia, Madame Bovary und Anna Karenina erzählen davon. Auch Goethes Werther zählt zu den Figuren, die an der Liebe leiden: «Mußte denn das sein, daß das, was des Menschen Glückseligkeit macht, wieder die Quelle seines Elendes würde?»[82]

In der modernen Literatur gerät die Gefühlsbeschreibung meist undramatischer. Das aufregende Einzelschicksal tritt in den Hintergrund zugunsten einer präzisen Analyse seelischer Befindlichkeiten. Der Gleichmut der Freundschaft, die Gefahr plötzlicher Entzauberung des Bildes, das Verliebte voneinander haben – wird zum Thema, etwa für den österreichischen Schriftsteller Peter Handke. In seinem *Versuch über die Müdigkeit* schreibt er:

«*Sooft ich in der Gesellschaft eines Freundes eine Müdigkeit spürte, war das überhaupt keine Katastrophe. Ich erlebte sie als den Lauf der Dinge. Wir waren schließlich nur auf Zeit zusammen, und nach dieser Zeit würde jeder wieder seiner Wege gehen, im Bewußtsein der Freundschaft auch nach einer matten Stunde. Die Müdigkeiten unter Freunden waren ungefährlich – die zwischen den jungen, meist auch noch nicht lang miteinander umgehenden Paaren dagegen eine Gefahr. Anders als in der Freundschaft stand in der Liebe – oder wie jenes Voll- und Ganzseinsgefühl nennen? – mit dem Losbrechen der Müdigkeit plötzlich alles auf dem Spiel. Entzauberung; mit einem Schlag schwanden die Linien aus dem Bild des andern; er, sie ergab binnen einer Schrecksekunde kein Bild mehr; das Bild der Sekunde zuvor war bloß eine Luftspiegelung gewesen: So konnte es von einem Moment zum andern zwischen zwei Menschen aus sein – und das am meisten Erschreckende war, daß es dadurch auch mit einem selber aus zu sein schien.»* [83]

Das Bild des geliebten Menschen – eine Luftspiegelung? Eine Täuschung der Sinne, die zwangsläufig zur Ent-Täuschung führen muß? Wie werden die Unterschiede zwischen einer intimen Liebesbeziehung und einer platonischen Freundschaft erlebt? Bei unseren Interviews bekamen wir auf diese Frage durchaus nachdenkliche Antworten.

Dietrich, 30 Jahre alt, Graphiker: «Liebschaften sind belastet durch Intimität, durch Gefühle, die ja immer einer starken Veränderung unterworfen sind, durch Besitzanspruch. Der Sog der Leidenschaft, der Körperlichkeit kann gefährlich werden. Da verliert man leicht den Boden, stürzt ins Bodenlose. Eine gute Freundschaft dagegen bleibt immer auf dem Boden. Die Sympathie ist stabiler als das veränderbare Gefühl...»

Dietrich spricht aus eigener Erfahrung. Sein platonisches Verhältnis zu Ulla, einer 28jährigen Kartographin, dauert nun schon 13 Jahre lang. Es hat bisher alle Liebschaften auf beiden Seiten überlebt. Auch die letzte, unter deren plötzlichem Ende Dietrich heute noch leidet. Sieben Jahre lang war der junge, ernsthaft wirkende Mann mit Sonja, einer 25jährigen Erzieherin, liiert. Dietrich hatte soeben einen festen Job gefunden, dachte an Heirat, an Kinderkriegen, an ewiges Zusammenbleiben. Doch genau das wurde Sonja zu eng. Sie wurde von Torschlußpanik überfallen, was das eigene, in manchen Bereichen noch ungelebte Leben betraf. Sie wollte umschulen, die Welt noch einmal neu kennenlernen, einen neuen Beruf ergreifen, auch die Liebe noch einmal neu erleben. Durch einen Zufall kam heraus, daß sie seit einiger Zeit ein Verhältnis zu einem anderen Mann unterhielt, eine Art Abwehrreaktion gegenüber Dietrichs Bindungswünschen.

Es war vor einem halben Jahr, aber Dietrich erinnert sich noch ganz genau: «Ich war wie vor den Kopf geschlagen, ich hab zu Hause gesessen wie gelähmt und überlegt, wer mich jetzt auffängt.

Da fiel mir nur Ulla ein! Ich hab sofort bei ihr angerufen und dann das Wochenende bei ihr verbracht. Sie hat mich angehört und mich getröstet. Nachher ging es mir ein bißchen besser…»

Wohl dem, der sich beizeiten ein Netz aus Freunden geknüpft hat, wenn der Faden der Liebe plötzlich reißt. Dann fällt man nicht ins Bodenlose. Freundschaft bleibt immer eine Zufluchtstätte, wenn Unglück über den Menschen hereinbricht und er sich verlassen fühlt – diese Einsicht haben wir in unseren Interviews wiederholt bestätigt gefunden.

Angela, 20 Jahre, Studentin: «Das war unheimlich hart und traurig für mich, als sich Martin von mir trennte. Da habe ich zum erstenmal in meinem Leben gemerkt, was es heißt, einen wirklich guten Freund zu haben!» Angela ist eine selbstbewußt, resolut erscheinende Persönlichkeit. Früher, wenn es ihr schlechtging, war sie zu stolz, andere Menschen mit ihren Problemen zu belästigen, wie sie das nennt. Niemals hat sie jemandem gesagt: Hier, hilf mir mal, es geht mir schlecht… Doch seit sie mit Heiner befreundet ist, der 22 Jahre älter ist als sie, hat sich einiges geändert. Angela: «Heiner merkte sofort, daß etwas mit mir passiert war. Er war einfach für mich da, ohne daß ich groß etwas erklären mußte.

Doch nicht nur beim Scheitern einer Liebesbeziehung kann Freundschaft für den plötzlich Obdachlosen eine warme Behausung sein. Auch bei Schwierigkeiten anderer Art kann Freundschaft die angespannte Seele befreien, die kranke Seele stärken…

So jedenfalls hat es die 73jährige Linette, eine überaus unternehmungslustige pensionierte Studienrätin, erlebt, über deren Freundschaft mit Harald wir schon erzählten. Nachdem sie anfänglich von Haralds Großzügigkeit fasziniert war und es genoß, von ihm in teure Lokale eingeladen zu werden, gab es eines Tages einen Einschnitt, der für die Beziehung der beiden überaus wichtig wurde. Haralds Firma machte Pleite; er mußte die Spendierhosen ausziehen, sein Bekanntenkreis schrumpfte schlagartig; eine jüngere Liebe, die er hin und wieder «beglückt» hatte, wendete sich ab. Nicht so seine alte Freundin Linette: «Ich bin einfach so geartet, daß ich, wenn ich einen Menschen gern habe und ihn meiner

Freundschaft für würdig erachte, daß ich ihn dann nicht im Stich lasse, wenn es ihm plötzlich dreckig geht», sagt sie.

Diesen Moment empfindet Linette, wie gesagt, als ihre große Stunde: «Ich habe ihm gesagt, daß er nach wie vor wertvoll für mich ist. Ja, eigentlich war genau das der Beginn unserer wirklich großen Freundschaft!» Eine wirklich gewachsene Zuneigung, ein Geben und Nehmen auf der kommunikativen Ebene, die Fähigkeit, viel miteinander lachen zu können – das, und nicht karitatives Mitleid, nennt die alte Dame als Bestandteil ihrer Freundschaft zu Harald.

Fragile Balance oder starres Gleichgewicht?

Liebe und Freundschaft: das A und O des sozialen Gefüges. Noch hat die Psychologie keine systematischen Unterschiede zwischen diesen beiden wesentlichen Formen der zwischenmenschlichen Beziehung herausgearbeitet. Eine Ausnahme bildet die Untersuchung von Keith E. Davis, Professor für Psychologie an der University of Soule/Carolina.[84]

Mit seinem Kollegen Michael Todt hat er Kriterien zusammengestellt, von denen er glaubt, daß sie für die romantische Liebe einerseits und für Freundschaft andererseits charakteristisch sind. Dieses Modell wurde an den Erwartungen und Erfahrungen von rund 250 unverheirateten und verheirateten Versuchspersonen beiderlei Geschlechts überprüft.

Was macht Freundschaft aus? Das von den Wissenschaftlern entwickelte Freundschaftsprofil enthält folgende Charakteristiken:

- Vergnügen: Freunde genießen die meiste Zeit in Gesellschaft des jeweils anderen, auch wenn es gelegentlich zu Verärgerungen kommen kann.
- Anerkennung oder Akzeptanz: Freunde akzeptieren sich so, wie sie sind. Sie versuchen nicht, den anderen zu verändern oder zu einem neuen oder anderen Menschen zu machen.
- Vertrauen: Freunde gehen davon aus, der (die) andere werde im Interesse des Freundes handeln.
- Respekt: Jeder nimmt an, der andere habe ein gutes Urteilsvermögen bei wichtigen Lebensentscheidungen.
- Gegenseitige Hilfe

■ Zutrauen

■ Verstehen

■ Spontaneität: Freunde haben untereinander das Gefühl, keine
Rolle spielen, keine Maske tragen oder persönliche Eigenheiten unterdrücken zu müssen.

Romantische Liebesbeziehungen, fanden die Wissenschaftler heraus, haben die gleichen Merkmale wie Freundschaft, viele davon
sind jedoch anders «geladen»! Keith E. Davis: «Wir fanden heraus: Bei Liebenden ist die Leidenschaft größer, die Anteilnahme
stärker. Auch Faszination, Exklusivität, sexuelle Intimität, Freude
an der Gesellschaft des anderen und Opferbereitschaft liegen in
der Einschätzung höher als bei engen Freundschaften.»[85]

Zugleich gab es bei der Untersuchung auch Überraschungen.
Die größte – sagen die Wissenschaftler – war, daß Liebende sich
nicht so selbstverständlich annehmen wie Freunde, daß sie ihre
Partner eher kritisieren, als das unter Freunden üblich ist. Liebe,
so wurde bei der Befragung deutlich, ist anfälliger für Kummer,
Ambivalenz, Konflikt und gegenseitige Kritik. Die Schwierigkeiten bei der Aufrechterhaltung einer Liebesbeziehung wurden dem-
entsprechend höher eingeschätzt als bei Freundschaften.

Das Gefühlspendel der Liebe schlägt weiter aus als das der
Freundschaft; nicht selten kommt es irgendwann zum Stillstand.
Einer auf Wechselseitigkeit gegründeten platonischen Beziehung
bleibt dieses Schicksal oft erspart. Die Abwesenheit des leidenschaftlichen Begehrens, die Distanz, das «interesselose Wohlgefallen» aneinander mögen hierfür wesentliche Voraussetzungen sein.

«Meine Freundschaft zu Axel hat etwas beruhigend Beständi-
ges», sagt Barbara, eine attraktive 38jährige Graphikerin. Als sie
Axel vor 14 Jahren kennenlernte, er war der Freund ihres damaligen Mannes, empfand sie auf Anhieb viel Sympathie für ihn. Das
«ganz warme», «ganz enge» Gefühl von damals hat sich bis heute
erhalten. Immer hat Barbara das Verhältnis zu Axel als sehr harmonisch empfunden, harmonischer zum Beispiel als ihre Ehe.
«Wenn man richtig zusammenlebt, also tagtäglich miteinander
umgeht, reibt man sich an im Grunde ja absolut belanglosen Sa-

chen, etwa an der offengebliebenen Zahnpastatube», sagt Barbara. Sie ist froh, daß es so etwas in der Freundschaft zu Axel nicht gibt, weil da ja doch immer eine kleine Distanz bleibt, schon weil man sich nicht so oft sieht.

Inzwischen ist sie von ihrem Mann geschieden, nach zwölf Jahren Ehe, und führt nun wieder eine neue Partnerschaft. Auch Axel hatte in den 14 Jahren ihrer Freundschaft mehrere Liebesbeziehungen. Ihre Freundschaft aber blieb von allem unberührt, eine Art «Fels in der Brandung». Auch eine andere unserer Gesprächspartnerinnen, Lilo, 46 Jahre alt und Sozialarbeiterin, findet für ihren Jugendfreund Siegfried ein ganz ähnliches Bild: «Er war und ist für mich immer so etwas wie eine Brücke über dem tosenden Wasser.»

Ein platonisches Verhältnis ist eine Beziehung, in der Konkurrenz und die gegenseitige Beurteilung kaum eine Rolle spielen. Hier darf man sich schwach zeigen – und müde –, ohne Stärke zu provozieren. Wenn man dagegen richtig ineinander verliebt ist, sind die Ansprüche an den anderen oft gewaltig; man verfolgt als Mann und als Frau unterschiedliche Rollen mit unterschiedlichen Interessen. Taktiken werden erprobt, egal, ob man unter sich ist oder in Gegenwart anderer. In der Freundschaft hingegen hält man die Zügel lockerer. Mehr Vertrauen, mehr Freiheit scheinen möglich.

In einer platonischen Beziehung versetzen einen die Abwesenheit des anderen, sein Zuspätkommen, der ausbleibende Anruf nicht gleich in Panik. Pausen tun der Freundschaft in der Regel keinen Abbruch; wenn man sich nach ein, zwei Jahren wieder begegnet, ist alles wie vorher. Genau deshalb, meint Rainer Brockmann, Psychologe an der Universität Berlin, beinhaltet eine platonische Liebe stets auch Momente der Verführung. Die Faszination aneinander macht ihre scheinbare Unsterblichkeit aus. Das trifft für eine sexuelle Liebesbeziehung nicht zu, Verbrauch und Abnutzung gehören nun mal zu ihrem Wesen. Rainer Brockmann: «Das Sterben einer Leidenschaft – einer sexuellen Beziehung, das gehört mit zu den erschütterndsten Erfahrungen, die man machen kann. Doch Leidenschaft kann nicht von Dauer sein. Nicht ohne Grund wird der Orgasmus von den Franzosen auch ‹kleiner Tod› genannt. Manchmal aber will man nicht sterben...»

So kann es dazu kommen, daß wir bereit sind, genitale Lust zu opfern, um die Verläßlichkeiten der Freundschaft zu genießen. Denn, so etwas pathetisch der amerikanische Philosoph und Therapeut Sam Keen[86]: «Es ist selten und kostbar, uns selbst als zweckfrei und wundervoll kennenzulernen.» Seiner Ansicht nach ist Freundschaft eine Möglichkeit, etwas von unserer Weite und Unausschöpflichkeit zu erahnen, wenn wir von unseren Freunden ohne Bedingungen, Einschränkungen, ohne Wenn und Aber, «mit allen Warzen, Falten, Wunden und vielleicht Heiligenscheinen akzeptiert werden»[87].

«Philia», von den Griechen als brüderliche Liebe oder Freundschaft gepriesen, scheint ihm auf den ersten Blick die bescheidenste aller Formen der Liebe zu sein. Sam Keen:

> *«Sie ist so ruhig wie eine gemeinsame Tasse Tee oder ein gemeinsames Glas Bier. Zwischen Männern und Frauen, die lange zusammenleben, ist sie so friedlich, daß sie fast der Aufmerksamkeit entgeht. Sie ist ein gemeinsames Gespräch. Nicht das Anbellen des Vollmondes. Nicht die dämonische Explosion widersprüchlicher Leidenschaften. Freundschaft macht Gentle-Women und Gentle-Men so offen und furchtlos, daß sie im täglichen Umgang geben und nehmen können. Ihr fehlen die romantischen Verzierungen; sie verlangt keinen schönen Partner. Oder Jugend.»*[88]

Ob diese Art Freundschaft als Trost ausreicht für diejenigen, die sonst nichts haben – das sei dahingestellt. Daß sie das Leben reicher macht, es jenseits der Lust um wichtige Dimensionen erweitert, daran besteht kein Zweifel.

Freundschaft ist kein Ersatz für Liebe. Das Gleichgewicht des Gemüts allein genügt nicht anstelle des Sturms der Sinne. Als ausschließliche aber existiert diese Alternative gar nicht, denn die Übergänge zwischen beiden Beziehungsformen gestalten sich zumeist fließend: das eine kann, ja soll das andere nicht ausschließen oder gar ersetzen.

Dazu noch einmal der 30jährige Graphiker Dietrich: «Ich glaube, im Leben gibt es so eine Art Idealzustand, bei dem man innerlich ausgeglichen ist. Dazu gehört eine feste Partnerschaft, also eine Liebesbeziehung. Die kann einem aber nicht alles geben! Deshalb braucht man zusätzlich noch feste Freundinnen und Freunde. Jedes für sich allein genommen ist nicht das Vollwertige, aber alle einzelnen Personen zusammen ergeben ein abgerundetes Beziehungsgefüge, in dem man sich gut aufgehoben weiß.»

Ähnlich sieht es die 73jährige Linette, die auf ein intensives Freundschafts- und Liebesleben zurückblickt und es teilweise auch noch lebt. Linette: «Die Liebe war in meinem Leben immer das Wichtigste! Aber eine Freundschaft ist mir mindestens ebenso wichtig. Ich habe immer wieder erlebt, wie begrenzt es doch ist, in einer engen Zweierkiste zu hocken, ohne nebenbei wirklich intensive Freundschaften zu haben. Wer das so macht, ist ein armes Schwein! Da fällt mir folgendes von Kafka ein, der sinngemäß einmal gesagt haben soll: Häng dich nicht an einen einzelnen Faden. Wenn du dann mal über einen Abgrund gerätst und dieser eine Faden reißt, dann fällst du in den Abgrund. Hängst du aber an mehreren Fäden, dann halten dich die anderen und bewahren dich vor dem Sturz...»

Der Reiz des Unausgelebten

> «Es ist der Tanz auf einer Kugel auf einer Kugel. Und es hat etwas.»
> *Udo B.*

Eine Nacht in Paris. Stefan und Melanie haben fürstlich miteinander gespeist, ganz in der Nähe des Arc de Triomphe. Sie haben jeden einzelnen Gang des Menüs genossen, immer wieder das Glas erhoben, sich zugeprostet; sie haben gescherzt, gelacht, sich tief in die Augen geblickt. Dies ist ihr erster Ferientag. Mit Stefans Auto sind sie unterwegs in die Bretagne, wo sie mit anderen gemeinsam ein Ferienhaus am Wasser gemietet haben. Melanies Verlobter Hans, auch ein guter Freund von Stefan, ist beruflich verhindert. Er wird erst ein paar Tage später nachkommen.

Auf dem Weg zum Hotel bummeln Stefan und Melanie noch ein

bißchen durch Paris. Arm in Arm, Hand in Hand. Könnte man Gefühle hören, dann wäre die Luft ein einziges Geknister, so heiß laufen die erotischen Drähte zwischen den beiden. «Als wir in unserem gemeinsamen Zimmer landeten mit dem großen Doppelbett, da spürte ich, daß Melanie aus dieser ganzen witzigen Stimmung heraus Lust hatte, mit mir zu schlafen», erzählt uns Stefan, einer unserer Interviewpartner, und lacht wie ein großer Lausbub. «Aber», fährt er fort, «als wir dann in der großen Kuhle in der Bettmitte zusammenrutschten, hab ich ihr gesagt: Weißt du was, mein Schatz, wir können etwas ganz Phantastisches zusammen machen, Arm in Arm zusammen einschlafen. Das haben wir dann auch getan. Mir hat überhaupt nichts gefehlt. Ich war froh, daß anschließend zwischen ihr, ihrem Verlobten Hans und mir keinerlei Mißstimmung oder Mißtrauen herrschte…»

Eine Geschichte vom Verzicht, erzählt von einem, der ganz und gar nichts hat von einer säuerlichen Verzichtfigur. Im Gegenteil, der 34jährige Stefan, versierter Rundfunk-Journalist, wirkt weder wie ein Moralapostel noch wie ein Kostverächter, der gern etwas anbrennen ließe. Ein bißchen gibt er sich als Dandy, als Salonlöwe, männlich-attraktiv, groß, blond, überaus selbstbewußt. Seine Lebenslust und Vitalität haben etwas Ansteckendes. Man kann sich gut vorstellen, daß eine zehn Jahre jüngere Frau wie Melanie rasch von ihm fasziniert ist.

Warum also der Triebverzicht in jener Pariser Nacht? Stefan, nach kurzem Nachdenken: «Ich gestehe, ich habe in meinem Leben mit vielen Frauen geschlafen. Auch mit vielen Männern. Aus Sympathie, aus Liebe, manchmal auch aus dem Suff heraus. Als ich jünger war, brauchte ich das regelrecht als eine Art Abenteuer und Selbstbestätigung. Im Laufe der Jahre jedoch hab ich eine wichtige Beobachtung gemacht: Sicherlich kann Sexualität eine starke Steigerung eines intensiven Abends sein, ein schönes Erlebnis. Doch häufig habe ich hinterher das Gefühl gehabt, irgend etwas sei verlorengegangen, etwas sei entzaubert worden. Und dieses Etwas will ich mir erhalten. Also verbiete ich mir die Sexualität, vor allem bei Menschen, die mir viel bedeuten, wie es bei Melanie zum Beispiel der Fall ist.»

Stefan macht kein Geheimnis daraus, daß er sich sexuell zu Männern und Frauen gleichermaßen hingezogen fühlt. Ausdrücke jedoch wie «homosexuell», «heterosexuell», «bisexuell» sind ihm verhaßt. Sie haben in seinen Ohren etwas Steriles, schlimmer noch, etwas Buchhalterisches. So, als könne man einen Menschen mit einem Etikett bekleben und ihn danach abheften. Stefan: «Der Mensch besteht doch nicht nur aus seiner Sexualität! Für mich hat inzwischen das, was ich auslebe, oft den gleichen Stellenwert wie das, was ich nur in der Phantasie erlebe. Man kann ja heutzutage in diesem Freie-Liebe-Spiel alles tun, aber das Geheimnis der Phantasie ist weg.»

Phantasie: Ein Reich mit Gärten und Vorgärten, mit Luftschlössern und Palästen. Man kann darin Einzug halten, ohne daß es jemand merkt. Man darf König spielen oder Prinzessin, ohne daß man rausgeschmissen wird. Das Spiel der Phantasie ist immer unsichtbar. Man selbst bleibt, das ist der eigentliche Lustgewinn, stets unangefochtener Regisseur der eigenen inneren Inszenierungen und Träume. Man darf alles tun, ohne daß jemand einem auf die Hände klopft. «Phantasie bringt die Köpfe in Ordnung», lautet der Werbeslogan eines renommierten Kinderbuchverlages. Gemeint ist wohl, daß die Phantasie es uns gestattet, aus der Routine des alltäglichen Miteinanders auszubrechen; Rollenvorschriften zu verletzen; Grenzen zu überschreiten, Neuland zu erobern, jenseits gesellschaftlich gesetzter Zwänge und den Erwartungen, die an einen als Mann, als Frau gestellt werden.

Ich stelle mir vor: So könnte eine reizvolle Geschichte zwischen den Geschlechtern beginnen. Eine Geschichte vielleicht, die keinen bestimmten Ausgang hat, wo alles offenbleibt, weil die Freuden des Weges wichtiger sind als das Erreichen eines bestimmten Zieles.

«Zielgehemmte Liebe» nennt Freud, der Vater der Psychoanalyse, wohl nicht zufällig jene Beziehungen, die primär durch Zärtlichkeit, nicht durch genitale Befriedigung gekennzeichnet sind. Sigmund Freud: «Die genitale Liebe führt zu neuen Familienbildungen, die zielgehemmte zu Freundschaften, welche kulturell wichtig werden, weil sie manchen Beschränkungen der genitalen Liebe, zum Beispiel deren Ausschließlichkeit, entgehen.» Dennoch, davon ist Freud überzeugt, war die «zielgehemmte Liebe» ursprünglich auch «vollsinnliche Liebe und ist es im Unbewußten noch immer»[89].

Diese Erkenntnis, vor 60 Jahren formuliert, hat bis heute nichts an Gültigkeit verloren. In erotisch aufgeladenen Freundschaften zwischen Mann und Frau scheint das Unbewußte immer wieder leise an die Tür zu klopfen, und darin besteht wohl ihr geheimer Reiz. Die erotische Freundschaft ist prickelnd wie ein Glas Champagner und nicht so kräftig wie ein Obstler. Sie ähnelt dem amusegueule, dem Gaumenkitzel noch vor dem Vorgericht, und sie belastet den Magen nicht so wie eine deftige Hauptspeise.

So jedenfalls empfindet es die Journalistin Elisabeth Gitrano, wenn sie von ihrem Verhältnis zu ihrem Arbeitskollegen Albert schwärmt. Sie nennt es «auf ewig scharf», sie spricht von raffinierten Genüssen, delikaten Freuden, herrlichen Gefühlswallungen, von einem Stück Unendlichkeit. Elisabeth Gitrano: «Mit ihm kann ich genießen, was in jeder Liebesgeschichte viel zu schnell vorbei ist: die Zeit der Rätsel und Geheimnisse, der Unsicherheiten und Entdeckungen.»[90] Blicke, Gesten, Andeutungen, Stimmungen – nichts wird ausgesprochen, alles bleibt offen, so beschreibt sie das Flair, das beide durch den Arbeitstag trägt.

Dieser wirklich «exquisite Schwebezustand» hat den großen Vorteil, daß er das genaue Gegenteil ist von Unruhe und Chaos. Die Autorin gesteht gern ein, daß da ein Hauch «von keuschem Biedermeier» mitschwingt: «Was müssen unsere Vorfahren für spannende Liebesgeschichten erlebt haben! Nach außen hin tauschte man artige Höflichkeiten aus. Doch in kurzen Blickwechseln wurden ganze Leidenschaften durchrast. Sie erschöpften sich nie. Denn sie wurden nie vollzogen.»[91] Daß dieser Zustand so bleibt, darauf achten die beiden mit schlafwandlerischer Sicherheit: «Das Feuer, das uns ansengen könnte, ist nah und verbreitet Hitze. In letzter Sekunde drehen wir ab.»[92]

Eine souveräne Leistung! Und, psychologisch gesprochen, ein hervorragendes Beispiel für Ichstärke, die nichts anderes ist als die

Fähigkeit, mit Ambivalenzen leben zu können, gewisse Spannungen zu ertragen, ohne ihre Auflösung herbeiführen zu müssen. Eine erotisch getönte Freundschaft hat nichts zu tun mit dem todernsten Alles-oder-nichts-Prinzip, mit dem Deckel, der haarscharf auf einen bestimmten Topf passen muß. Statt dessen wird neues Terrain betreten, Unsicherheiten werden zugelassen, eine glaubwürdige Voraussetzung für wirklich neue Erfahrungen. «Es ist wie das Balancieren einer Kugel auf einer Kugel, eine schwierige Sache, das zu halten! Es gehört nämlich dazu, daß man sich das dauernd bewußt macht, sonst fällt die Kugel runter», sagt Udo, 48 Jahre alt, Dozent an einer Hochschule.

Auch Udo weiß, wovon er spricht: Seit drei Jahren hat er ein platonisches Liebesverhältnis zu Erika, einer verheirateten Rechtsanwältin mit zwei Kindern, 16 Jahre jünger als er. Bei einer Streitsache lernte er sie kennen, fand sie auf Anhieb lebendig und sympathisch. Als die berufliche Beziehung zu Ende war, beschlossen beide, die Bekanntschaft in irgendeiner Form privat fortzusetzen. Das sieht nun so aus, daß Udo ab und zu bei Erika und ihrer Familie vorbeikommt, mit ihr über dies und jenes plaudert, ihre Nähe genießt. Beide kokettieren miteinander in der Gewißheit, daß es eine Möglichkeit zwischen ihnen gibt, die sie bewußt nicht nutzen. Neulich, erzählt Udo, fand er beim Abschied eine Formulierung, die ihn in ihrer Treffsicherheit entzückt hat: «Erika», hab ich gesagt, «ist es nicht toll mit uns beiden? Es könnte sein! Aber es muß nicht sein! Ist das nicht schön?»

Auch hier delikater Schwebezustand, eine Geschichte, unendlich vielleicht, weil sie auf kein bestimmtes Ziel zusteuert. Udo: «Indem ich nein sage zur Sexualität, die platonische Beziehung erhalte, habe ich die Möglichkeit, daraus eine Art Kunstwerk zu machen.» Ein Kunstwerk, bei dem die Phantasie beteiligt ist, die die Köpfe in Ordnung hält, indem sie den Körpern Grenzen setzt.

Allen bisher erzählten Beispielen ist gemeinsam, daß einer – oder auch beide – der platonischen Paarbeziehung das knisternde Feuer genau im Auge behält. Droht es zu hoch zu brennen, geben sie ihm keine Nahrung mehr und treten als vorbeugende Maßnahme einen vorübergehenden Rückzug an.

Verzicht aus freiem Willen

«Es kann sein, daß man die Sexualität aussperren muß, um wirklich neue Erfahrungen machen zu können», sagt der schon zitierte Psychologe Rainer Brockmann. Den so motivierten Vorgang selbstauferlegter Begrenzung nennt er einen kreativen Versuch, aus der vorgeschriebenen Form der Geschlechterbegegnung auszubrechen, die Räume zwischen Mann und Frau zu erweitern, jenseits tradierter Reiz-Reaktions-Muster.

Es ist schon faszinierend zu beobachten, wie damit überholt geglaubte Verhaltensweisen früherer Zeiten eine Renaissance unter veränderten Vorzeichen erleben: Aus dem «Du darfst nicht» bürgerlicher Konventionen und prüder Sexualmoral ist ein bewußtes «Ich will nicht» geworden; das gesellschaftlich auferlegte Verbot hat sich gewandelt in die freie Entscheidung des Individuums, das über Realisierung oder Nichtrealisierung seines sexuellen Begehrens bestimmt.

Die Annahme, in einem platonischen Verhältnis «laufe nichts», erweist sich somit bei näherer Betrachtung als Vorurteil. Natürlich läuft etwas! Mit der Einschränkung, daß die Beteiligten die Grenzen ihres Tuns bewachen. In fast allen Interviews kam diese Gratwanderung zur Sprache.

Birgit, 24 Jahre alt, Verkäuferin flippiger Klamotten in einer Boutique, verlobt, über ihren 18jährigen Freund Marc: «Ich habe Marc sehr gern. Für ihn bin ich, sagt er, sogar die erste Frau in seinem Leben, die ihm etwas bedeutet. Manchmal streichelt er mich zärtlich, wir haben uns sogar schon geküßt. Naja, da ist mir ganz warm geworden. Aber das kam so aus dem Augenblick, wenn wir so beim Reden wieder gespürt haben, wie wir uns für dieselben Sachen begeistern, wie wichtig für uns beide so Sachen sind wie Offenheit, Vertrauen und Wahrheit. Aber wir glauben genauso fest an die Treue. Würde ich mit ihm ins Bett gehen, wäre unsere Freundschaft schon deshalb aus. Für eine Nacht oder so – nein, dazu ist mir Marc zu wichtig. Ich glaube, in dieser Hinsicht ist unsere Freundschaft sehr zerbrechlich. Manchmal denke ich tatsächlich, daß wir an so etwas wie einem Abgrund stehen. Wir halten uns dann gegenseitig fest. Und das ist auch etwas, was uns beide aneinander sehr beeindruckt.»

Auch Thomas, ein 24jähriger Student, sieht sein Verhältnis zu Beate, einer 23jährigen Studentin, die mit einem zukünftigen Unternehmensberater verheiratet ist, von einer vergleichbaren Spannung geprägt: «Es kommt immer wieder vor, daß ich sexuell erregt bin. Aber ich weiß, daß Beate Sexualität zwischen uns nicht will. Sie liebt ihren Mann. Ich träume trotzdem davon, daß sie mich eines Tages lieben könnte. Nur weil ich will, daß Beate glücklich ist, kann ich mich zurückhalten. Körperliche Annäherungsversuche von meiner Seite würden sie in Verwirrung stürzen. Das kann ich doch nicht wollen. Oder? Doch manchmal denke ich, daß ich ihre Nähe mit soviel Distanz nicht mehr aushalten kann.»

Auch der Dozent Udo setzt sich von vornherein Grenzen: «Ich entdecke immer wieder, daß ich aufpasse, Erika nicht eindeutig zu berühren. Die Entscheidung, diese Beziehung nicht sexuell werden zu lassen, ist allgegenwärtig. Ich bin mir dessen völlig bewußt. Wenn ich sie zufällig an der Brust berühre, leuchten bei mir sofort alle Warnsignale auf: Einen Schritt zurück!»

In langjährigen platonischen Freundschaften ist so eine selbsteingebaute Warnanlage meist gar nicht mehr nötig. Die Sublimierung des Sexualtriebs, besagte zielgehemmte Liebe, ist längst anerkannter Fakt in der Beziehung; das «Miteinander-Schlafen» gilt nicht länger als Synonym für den Koitus, sondern hat seine Bedeutung im Wortsinne zurückgewonnen. So sagt der Graphiker Dietrich über seine langjährige Freundin Ulla: «Miteinander schlafen nehme ich mit ihr im wörtlichen Sinne: wir pennen wirklich nebeneinander, das ist ein Vertrauensakt, ich weiß, die zwischen uns unbewußt gesetzten Grenzen werden von beiden Seiten akzeptiert. Sonst könnte ich mich ja auch nicht so fallenlassen, nicht zeigen, wie ich mich gerade fühle.»

Einmal war er mit Ulla eine ganze Woche allein in Dänemark, kurz nachdem ihm seine langjährige Geliebte den Laufpaß gegeben hatte. Dietrich erinnert sich: «Ich gebe zu, es gab da auch Momente, wo ich komische Anwandlungen kriegte, wenn ich sah, wie so Paare eng umschlungen knuddelnd an uns vorübergingen.

Dann dachte ich: Ach, das möchte ich jetzt auch...!» Doch Dietrich fühlt sich nicht, wie er schmunzelnd sagt, wie ein Pawlowscher Hund, der nach einem bestimmten Reiz-Reaktions-Schema reagiert. Er weiß, daß das Ja oder Nein zur Sexualität im Kopf entschieden wird, nirgendwo sonst.

Dietrich: «Selbst wenn ich in diesem Moment sexuelle Gelüste hätte, soll das doch nicht heißen, daß ich nun in bezug auf Ulla loslegen müßte! Wir streicheln uns schon mal, wir umarmen uns, aber wir akzeptieren die von uns gesetzten Grenzen. Sicher, das ist schon eine Willensanstrengung, aber keine große. Zwischen uns beiden ist nicht das Dauergefühl des Mangels da. Das wird durch das Gefühl des Reichtums überdeckt, durch das Wissen, daß es einfach schön ist, so zusammenzusein und nicht anders. Ich weiß genau, an welchem Punkt ich mir sage: Weiter darf es nicht gehen! Denn sonst würden Komponenten Einzug halten, die unsere unbelastete Beziehung schwierig machen würden. Dann käme der ganze Intimitätsballast dazu.»

Das Fehlen dessen, was Dietrich «Intimitätsballast» nennt, läßt Platz für Verspieltes und eine als angenehm empfundene Spannung – das wurde uns in unseren langstündigen Gesprächen immer wieder deutlich. Die 44jährige Gestalttherapeutin Inga, die ihren Kollegen Klaus als Mann sehr «anziehend» findet, erlebt das so: «Ich finde diese spielerische, erotische Spannung zwischen Klaus und mir ungeheuer reizvoll. Man kann ja gerade, ohne Sexualität, bestimmte Gefühle ganz anders wahrnehmen und ausleben. So kann ich zum Beispiel nach einer langen gemeinsamen Feierei am nächsten Morgen meinem lieben Klaus eine Szene machen, ihm zürnen und sagen: Ich bin wahnsinnig eifersüchtig darauf, daß du gestern soviel mit Ingrid getanzt hast und so wenig mit mir. – Das würde ich nie tun, wenn wirklich was Ernstes zwischen uns wäre, wenn etwas zwischen uns beiden zum Vollzug anstünde.»

Diese spielerische Situation will Inga sich mit Klaus unbedingt erhalten. Daß sie es schafft, ist Folge eines langen Trainings. Denn, so Inga: «Früher bin ich meinen sexuellen Wünschen direkter nachgegangen, hab das aber oft auch ziemlich bitter bezahlen müssen. Ich weiß jetzt schon im vorhinein: Wenn ich meinem Begehren ihm gegenüber nachgeben würde, dann käme hinterher ein Riesenberg von Schwierigkeiten auf uns zu. Also, mit ihm schlafen, das wäre so kompliziert, so daneben, da würde ich überhaupt keine Energien dransetzen.»

Was nicht heißen soll, daß es durchaus Situationen der Nähe zwischen ihr und ihrem Kollegen Klaus gibt. So zum Beispiel nach einem Fünf-Tage-Seminar. Inga: «Da bin ich manchmal ganz erschöpft und kaputt hinterher, und dann sage ich zu Klaus: Jetzt muß ich kuscheln. Dann lege ich mich auf sein Bett, spüre nichts anderes als seine Nähe. Das ist so schön und entspannend, sagen zu können: Nimm mich mal in den Arm, ich brauch das jetzt einfach. Diese regressive Ebene haben zu können, das ist für mich ganz wichtig. Also, bei großer Erschöpfung das Gefühl zu haben: Jetzt muß ich mal gefüttert werden wie ein Kleinkind. Das ist auf keinen Fall etwas Sexuelles, das ist eben nur diese regressive Ebene. Und die ist zwischen Klaus und mir wunderbar.»

Eine gewisse väterlich-wohlmeinende Distanz, die Klaus ausstrahlt, macht es der impulsiven Inga offensichtlich leicht, ihr Begehren ihm gegenüber im Zaum zu halten: «Es hat immer wieder Momente gegeben, wenn wir uns verabschiedet haben, zum Beispiel nach einer langen intensiven Zusammenarbeit, daß ich ihn umarmt habe und ihm aus so einer Art ozeanischem Gefühl heraus gesagt habe: Ich liebe dich! Das war so ein Gefühl der Verbundenheit, des Sichwohlfühlens. Er reagiert dann immer etwas spröde und scheu und sagt: Wie schön! Oder: Ach ja, schlaf gut! Er würde nie zurück sagen: Ich dich auch!»

Beispiele, die sich endlos fortsetzen ließen. Man sieht: Das Balancieren einer Kugel auf einer Kugel will geübt sein, sonst kann es passieren, daß man herunterfällt. Vor allem dann, wenn die Beziehung asymmetrisch ist, etwa wenn nur einer der beiden einen festen Partner, eine feste Partnerin hat und dadurch die Sache zu kippen droht.

Ein Beispiel für eine solche Situation, in der das fragile Gleichgewicht beinahe aus der Balance gerät, erzählt Jutta, die mit dem glücklich verheirateten Bernhard befreundet ist. «Also, Bernhard liebt seine Frau. Aber sexuell ist da nicht mehr viel los. Er ist zärtlich zu ihr, und sie ist zärtlich mit ihm. Aber er sagt, daß sie nur noch sehr selten miteinander schlafen. Er spricht nicht oft darüber, und wenn er es tut, dann glaube ich, daß er unter Druck steht. Ich merke dann auch, daß er Phantasien hat, die auf meine Person gerichtet sind. Er träumt ganz sicher davon, mit mir zu schlafen, und er weiß, daß ich das weiß. Aber wir werden das ganz sicher nicht tun. Ich bin davon überzeugt, daß damit dieses wunderbare Verhältnis kaputtginge.»

Jutta, die ohne festen Partner lebt, bekennt, daß sie schon intensive sexuelle Bedürfnisse empfindet und es für sie ungleich schwerer ist als für Bernhard, mit der Anspannung umzugehen. Nachdem wir uns lange unterhalten haben, sagt sie mit um Entschuldigung suchendem Unterton: «Manchmal, ja also, da helfe ich mir selbst. Gerade, wenn ich einmal wieder im Zusammensein mit Bernhard gespürt habe, daß er mich begehrt, ja dann kann ich eben nicht anders.» Ihre erste Reaktion, das schlechte Gewissen, hat sie heute überwunden. Jutta findet es jetzt völlig legitim, sich durch Selbstbefriedigung Entspannung zu verschaffen, auch wenn es ihr schwerfällt, darüber zu reden.

Bei symmetrischen Freundschaften, wo bei beiden eine feste befriedigende Partnerschaft im Hintergrund ist, läßt sich die Stabilität leichter halten. Die «nicht vorhandene Notdurft», das «Abgesättigtsein sexueller Bedürftigkeit» ist nach Ansicht Rainer Brockmanns eine wichtige Voraussetzung dafür, den Schwebezustand einer erotischen Freundschaft aufrechtzuerhalten. Denn sonst, so Brockmann, kann es immer wieder «zu Situationen kommen, wo die Ambivalenz aufbricht und man verführt wird, das Modell des platonischen Verhältnisses zu durchbrechen».

Eine gewisse Abgeklärtheit, eine Fülle vorausgegangener Erfahrungen, ein halbwegs gestillter Erlebnishunger, die Fähigkeit, das Morgen zu antizipieren – dies kann das bewußte Nein in bestimmten Situationen erleichtern, wie es das anfangs geschilderte Pariser Erlebnis von Stefan zeigt. Auch die «Weisheit des Alters» kann die

Wandlung der «vollsinnlichen» in die «zielgehemmte» Liebe tragen. Dazu noch einmal Rainer Brockmann: «Mit 50 Jahren weiß ich, man muß nicht mehr alles haben, was man kriegen kann; man muß sich nicht grenzenlos immer wieder an bestimmten Zentralpunkten bestätigen. Man kann auch im Draufschauen etwas genießen, ohne es sich unmittelbar einverleiben zu müssen...»

Verzicht auf die Verwirklichung sexueller Wünsche muß, so versicherten uns unsere Gesprächspartner fast ausnahmslos, nicht aussehen wie Knebelung und Selbstkasteiung. Die Kunst des unendlichen «Ich-stelle-mir-vor-Spiels» besteht darin, auch das scheinbar Geringfügige in inneren Reichtum zu verwandeln. Eine Kunst, in der sich zum Beispiel die 40jährige Petra übt gegenüber Harald, einem verheirateten Kaufmann, mit dem sie eine schwärmerische, tiefe Freundschaft verbindet. Petra: «Mein Gefühl ihm gegenüber ist wirklich der Liebe verwandt. Ich genieße jede Berührung. Wenn er mir in den Mantel hilft, dann ist das fast eine Umarmung.»

Die «zielgehemmte», «nur» platonische Liebe: Wo Sexualität als höchstes Glück gefeiert wird, mag sie als etwas Altmodisches gelten, als Stigma vertrockneter alter Männlein und Weiblein, die eben keinen abgekriegt haben. Gewiß, es stimmt schon, die innigste Form menschlicher Begegnung, die Sexualität, macht es auf einmalige und umfassende Weise möglich, körperlich und seelisch Zuwendung, Zuneigung, Hingabe und Einssein mit dem geliebten Partner auszudrücken.

Und doch wäre es falsch, aus der sexuellen Genußfähigkeit zwangsläufig auch seelische Liebesfähigkeit abzuleiten und aus der seelischen Liebesfähigkeit zwangsläufig auch sexuelle Genußfähigkeit: Das sind nach Ansicht Peter Schellenbaums gefährliche ideologische Vorurteile, die gerade auf feinfühlige Menschen einen unerhörten Druck ausüben.

«Es ist für viele Menschen möglich, einen vollständigen Orgasmus zu haben, der den ganzen Körper in Vibration und lustvolle Spannung versetzt und dann in wohlige Entspannung sinken läßt, ohne den Partner zu lieben, zu respektieren und zu fördern.» [93] Denn, so meint der

121

am Züricher C. G. Jung-Institut lehrende Psychotherapeut und studierte Theologe: «Die Seele kann sich in ähnlicher Weise aus der Sexualität zurückziehen wie etwa aus dem lieblosen, gierigen Essen und Trinken.» [94] *Andererseits, so Schellenbaum, sind Menschen, die ihren Eros nicht in einer sexuellen Bindung ausdrücken, sondern in einer platonischen Liebesbindung, keineswegs asexuell. Im Gegenteil: Sie haben seiner Ansicht nach manchmal eine starke sexuelle Ausstrahlung: «Ihr Körper mobilisiert in den intensiven Phasen der ihnen eigenen Hingabe die gleichen Hormone wie der Körper eines Menschen, der sich auf die sexuelle Begegnung vorbereitet.* [95]

So gesehen, sind auch nicht-sexuelle Ausdrucksformen des Eros «keine Umwege des Sexualtriebes, sondern authentische Variationen einer wirklichen Hingabe, die getragen ist vom Gefühl des strömenden Einsseins und nicht nur der Selbstbestätigung dient» [96].

Liebesbeziehungen ohne sexuelle Intimität haben, so ein interessanter Gedanke Schellenbaums, alle etwas gemeinsam: Sie sind weder ganz «eindringend» noch ganz «aufnehmend». Er nennt sie, in der Sprache der körperlichen Symbolik, Beziehungen der «Reibung»: «Die Partner gleichen zwei Körpern, die sich aneinander reiben und dadurch Energie erzeugen.» [97] Durch die Reibungen ihrer Außenflächen laden sich diese Menschen gegenseitig mit Kraft auf. Dadurch wird ihre optimale Distanz zueinander größer als zwischen anderen Liebenden.

Ein fast phsysiologisches, nicht ganz unkompliziertes Modell. Und doch handelt es sich um eine begründete Ehrenrettung der platonischen Liebe, die man, um es mit den flapsigen Worten der Rocksängerin Nina Hagen zu sagen, «in diesem versauten Zeitalter» nicht hoch genug schätzen kann.

Die Tücken der Idealisierung

> «Er hat aus mir eine Madonna
> gemacht.»
>
> *Charlotte, 56 Jahre*

«Mit der zarten Blüte meiner Neigung ist es vorbei, sobald ich
gemeine Gunstbezeugungen erhalte.»[98] Ein Satz, der auf Distanz
geht. Novalis, mit bürgerlichem Namen Friedrich von Harden-
berg (1772–1801), schreibt ihn an seinen Bruder Erasmus. Der
junge Frühromantiker umreißt damit sein Verhältnis zu der jungen Adeligen Sophie von Kühn. Seine Beziehung zu ihr ist gekennzeichnet von eigenartiger Ambivalenz.

Zweifellos, der unruhige, zu ständiger Selbstreflexion neigende
Jüngling ist betört von der «Unverderbtheit» des schönen un-
schuldigen Mädchens, das er, der 22jährige, bei ihrer Familie ken-
nenlernt. Sophie ist mit zwölf Jahren noch ein Kind. Dennoch, in
ihrem Bild sieht Novalis das Ideal der heranreifenden, in sich harmonisch ruhenden Frau. Während er selbst, in pietistischer Fröm-
migkeit und asketischer Glaubensstrenge erzogen, sich immer
wieder vom «Wollustteufel schikaniert»[99] fühlt, der mit «volup-
tuösen Bildern» vor ihm herum auf dem Papier tanzt, während er
sich in seinem Tagebuch wiederholt über «viel Lüsternheit» beim
Aufwachen beklagt, verkörpert Sophie für ihn genau das Gegenteil. Novalis wird nicht müde, ihre «sittliche Grazie», ihre «De-
zenz», ihre «unschuldige Treuherzigkeit» zu rühmen. In ihrer
«Vollendung» scheint sie in seinen Augen dem Frauenideal der
damaligen Zeit zu entsprechen.

Am 15. März 1795 verlobt sich Novalis mit der knapp 13jährigen. «Sophia sey mein Schutzgeist», läßt er beschwörend in seinen Verlobungsring gravieren. Als in sich ruhende Gefährtin, als Mittlerin zu einer höheren Bewußtseinsstufe soll sie dem unruhig irrenden, stets auf der Suche nach höheren Zielen sich befindenden Mann das geben, was ihm fehlt. Die Tage des «geistigen Brautstandes» sind für ihn von hoher Bedeutung. Sie lassen ihm genug Zeit, von Brautnacht, Ehe und Nachkommenschaft zu träumen.

Ob er dieses irdische Glück tatsächlich erreichen wollte? Er, für den der Zustand des Unvollkommenen, des Noch-nicht-Erreichten persönliche Maxime ist, ebenso wie der ästhetische Schwebezustand seiner romantischen Weltsicht entsprach? Seine Abneigung gegenüber «gemeinen Gunstbezeugungen» deutet darauf hin, wie sehr er seine Verlobte als unerreichbares Sphären-Wesen liebt, an dem jede Alltäglichkeit abgelehnt wird. In vielen seiner Äußerungen wird diese ambivalente Haltung ihr gegenüber deutlich. «Sie hat einen Schreck für die Ehe… Sie will sich nicht durch meine Liebe genieren lassen. Meine Liebe drückt sie oft. Sie ist kalt durchgehends», schreibt er in einer Tagebuchnotiz vom Spätsommer 1796.[100] Ihre zarte, zerbrechliche Konstitution scheint ihn vor allem anderen anzuziehen: «Ich liebe sie fast mehr ihrer Krankheit wegen.»

Sophie stirbt mit 15 Jahren qualvoll an Schwindsucht. Ihr Tod setzt in Novalis ungeheure produktive Kräfte frei. Die Geliebte wird in religiös-mystischen Hymnen, auch in den berühmten *Hymnen an die Nacht* verherrlicht. Lyrische Todeserotik, in der der Dichter seine künstlerische Identität findet. Der Tod der Geliebten führt ihn weiter auf seinem geheimnisvollen Weg nach innen. Eine magische Welt entsteht. Traum wird zur Wirklichkeit, Wirklichkeit zum Traum.

Novalis und Sophie: Ein fast klassisches Beispiel romantischer Liebe. Die Verherrlichung der geliebten Person, sexueller Begehrlichkeit entrückt, scheint ein charakteristischer Wesenszug. Er begegnet uns vielfach im Leben und in der Literatur der damaligen Zeit. Novalis stand mit seinem hohen Ideal vom Weiblichen keineswegs allein.

Ein Vorläufer dieser idealisierenden Liebe war zweifellos die mittelalterliche Minne: Der wiederholte Klagegesang leidenschaftlicher Liebessehnsucht galt immer einer verheirateten hohen Frau. Abgesehen vielleicht von einem flüchtigen Kuß durfte dieses Sehnsuchtsritual keine körperliche Erfüllung finden. Ein höfisches Ideal, sagen die Historiker, das teilweise dem mittelalterlichen Kult um die Jungfrau Maria entstammte, die ja auch ohne Sexualpartner ein Kind gebar.

Und heute? Die Zeit der Troubadoure ist vorüber, auch die romantische Liebe mit ihrem selbstquälerischen Triebverzicht scheint im Zeitalter der Beate Uhse passé. Oder etwa nicht? Das haben wir uns verwundert gefragt, als wir Ausschau hielten nach platonischen Verhältnissen zwischen Mann und Frau. Wenn man genau hinhört, bekommt man durchaus Geschichten erzählt von zeitgenössischen Troubadouren, die ihr Leben verbringen mit einer sich niemals erfüllenden Minne.

«Er hat zeit seines Lebens aus mir so eine Art Schutzmantel-Madonna gemacht», erzählt uns mit leicht erstauntem Unterton Charlotte K., eine sechsundfünfzigjährige Oberstudienrätin aus Berlin. Sie ist eine durch und durch realistische Frau, die das Leben, die Liebe, die Ehe kennt und die mit ihrem Beruf, den drei erwachsenen Söhnen und einem Enkel voll auf dem Boden der Tatsachen steht.

Um so sonderbarer das Verhältnis «zu ihm», ihrem Studienfreund Andreas. Vor 35 Jahren haben sie sich während des Studiums kennengelernt, und bis zum heutigen Tag hat Andreas Charlotte den Hof gemacht.

Als hochintelligenter junger Mann, sensibel, einfühlsam, literarisch und politisch gebildet, hat er sich damals auf Anhieb in die ihm geistig verwandte Charlotte verliebt. Mit Briefen, Einladungen, kleinen Geschenken hat er leidenschaftlich um sie geworben. Dennoch, erzählt uns heute Charlotte, war diese Werbung von Anfang an schwer zu fassen. Denn wenn sie seine zaghaften Blicke und Gesten erwidern wollte, wurde er rot, zog sich ängstlich zurück. «Komm her – geh weg»: dieses verwirrende Spiel hat Andreas vom ersten Tag bis heute gespielt.

Charlottes Heirat mit einem lebensfrohen Kommilitonen war für ihn eine Art Schock. Zwei Jahre ging er auf Tauchstation, um das Eindringen des verhaßten Rivalen in seine idealisierte Beziehung zu Charlotte zu verkraften. Nachdem er seine Kränkung verarbeitet hatte, klopfte er wieder an, nahm, als eine Art Zaungast, aus sicherer Ferne an Charlottes Familienglück teil, schickte ihr regelmäßig Briefe, Blumen, Bücher und wurde nicht müde, ihr zu versichern, daß nur er der einzig richtige Partner für so ein «hochkarätig sensibles Wesen» wie Charlotte gewesen sei.

Andreas, erfolgreicher Verlagslektor, in der Welt der Bücher und Kunst mehr zu Hause als in der leibhaftigen Welt der Menschen, hat nie geheiratet. «Er hat von Anfang an gesagt, daß er aufgrund seiner Erziehung Angst hätte vor einer engeren Bindung, Angst, an ihn gestellte Erwartungen als Mann nicht erfüllen zu können», sagt Charlotte. Und: «Mit mir hat er eine selbstinszenierte Realitätsflucht veranstaltet.»

Hätte sie sich nicht fairerweise der ihr zugedachten Rolle entziehen sollen, um Andreas in die Realität zu verweisen? «Vielleicht», sagt Charlotte nachdenklich. Und, selbstkritisch: «Es war sicher nicht vom feinsten, was ich da mit ihm gemacht habe.» Allerdings, fällt ihr ein, gab es auch für sie Momente, wo sie Andreas ein bißchen idealisiert hat. Das war, als ihr Mann nach 20 Jahren glücklicher Ehe plötzlich begann, sie zu betrügen. «Da hab ich mir gedacht: Da in der Ferne, da gibt es diesen treuen Andreas, der würde so etwas mit mir gewiß nicht gemacht haben...»

Nach ihrer Scheidung stand Andreas sofort auf der Matte, mit einem großen Blumenstrauß in der Hand. Doch schon nach wenigen Tagen wurde ihr die Unmöglichkeit einer real gelebten Beziehung mit ihm erneut bewußt: «Er hat sich immer als Underdog dargestellt, nicht als erwachsener Mann. In seiner fürchterlichen Idealisierung hat er eine Art Jungfrau Maria aus mir gemacht, er hat mich auf ein Podest gestellt und mich damit regelrecht in meiner Lebendigkeit getötet. Dem Bild, das er von mir kultiviert hat, konnte ich real nicht entsprechen.»

Eine kurze, gemeinsame Reise geriet zur Katastrophe, zum Realitätsschock. Das Zusammensein drei Tage, drei Nächte lang war für beide aus unterschiedlichen Gründen unerträglich. Andreas erlitt einen regelrechten Zusammenbruch. Erst nach längerer psychotherapeutischer Behandlung hat er den durchtrennten Faden zu Charlotte vorsichtig wieder aufgenommen. Wie wird dieses Spiel weitergehen?

> «Da die Phantasie der romantischen Liebe auf der Idealisierung des/ der Geliebten beruht, kann sie unmöglich die Konfrontation mit dem unvermeidlichen Ehealltag aushalten. Sieht der junge Ehemann seine Frau beim Augenbrauenzupfen oder beim Zähneputzen, ist das nicht gerade prinzessinnenhaft. Eine Braut fühlt sich vielleicht von dem frisch Angetrauten abgestoßen, wenn sie sieht, wie er sich die Zehennägel schneidet», so erklären die Autorinnen Lucy Freeman und Kerstin Kupfermann den Realitätsschock, der sich unvermeidlich an die Überidealisierung einer Person knüpft.»[101]

Damit soll die Idealisierung, ähnlich wie die Tätigkeit der Phantasie, keineswegs als etwas grundsätzlich «Verrücktes» abgetan werden in unserer Gesellschaft, in der auch Beziehungen immer mehr nach ihrem Tauschwert befragt werden. Im Gegenteil. Idealisierung, das heißt die uneingeschränkte Bewunderung einer anderen Person, kann in einzelnen Lebensphasen von hoher Bedeutung sein. Zum Beispiel in der frühen Kindheit. Um Sicherheits- und Selbstwertgefühle aufzubauen, braucht das Kind die zeitweilige Illusion von der Macht und Vollkommenheit des Erwachsenen, sagt Margarete Mitscherlich.[102] Denn, so hat sie beobachtet, in der «idealisierenden Identifikation» fühlt sich das Kind des eigenen Wertes gewiß, nur so kann es Orientierung und Selbstwertgefühl entwickeln.

Ähnliches gilt ihrer Ansicht nach für die entwicklungsgerechte Lösung der Bindung an die Eltern. Um einen neuen psychischen Standort außerhalb der Familie zu finden, ist die Anknüpfung «idealer Freundschaften» für den Heranwachsenden von hoher Bedeutung. «Nur wenn es ihm gelingt, außerfamiliäre Vorbildfiguren oder Ideen, Gruppen etc. zu idealisieren, kann er sich diesen zuwenden.»[103] Durch die Identifikation mit anderen, sagt die bekannte Psychoanalytikerin, wächst die Identität des jungen Menschen. Sie gibt ihm die Basis seines Selbstwertgefühls, erlöst ihn von dem Gefühl der Leere und Verlorenheit.

Die Bewunderung des jungen Novalis für seine Geliebte Sophie ist etwas, das sich in den idealisierenden Freundschaften heutzutage durchaus wiederfinden läßt. Zum Beispiel der Zivildienstleistende Benjamin, 21 Jahre alt, über die 26jährige Kerstin, zu der er ein platonisches Verhältnis hat: «Bei mir ist alles noch so offen, ich habe keinerlei Sicherheit in meinen Anschauungen, ich bin völlig ratlos allem gegenüber, presche zwar schnell ein Urteil und verfechte es vehement, aber ich fühle, daß ich so richtig nicht dahinterstehe. Bei Kerstin ist das anders. Sie ist so bodenständig, vernünftig, sie regelt ihr Leben so souverän. Sie hat eine kühle, nüchterne Sicht von allem, das wirkt so entspannend auf mich, das ist wie ein Ruhepol in meinem Leben. Sie ist selbständiger, lebenserfahrener als ich. Das gibt mir Halt.»

Und der sogenannte Erwachsene? «Bewundere soviel du kannst, die meisten Menschen bewundern zu wenig»[104], schreibt van Gogh an seinen Bruder Theo. Die Liebesfähigkeit eines Menschen, aber auch seine Fähigkeit zur Freundschaft hängen davon ab, ob er in dem anderen wenigstens teilweise die Verwirklichung eines Ideals zu sehen vermag. Der andere kann zur Herausforderung, zur inneren Bereicherung werden, wenn man in der Lage ist, an ihm Eigenschaften zu entdecken, die man an sich selbst vermißt. In fruchtbaren Freundschaftsbeziehungen zwischen Mann und Frau kann es sein, daß der andere in einem Saiten zum Klingen bringt, von denen man vorher noch gar nichts ahnte.

Sabine, eine 38jährige Sachbearbeiterin über ihren Freund Gerd, einen zehn Jahre jüngeren Philosophie-Studenten: «Gerd denkt so genau und präzise über alles nach. Er versteht, seine Gedanken meisterhaft zu formulieren. In seiner Gegenwart lerne ich immer wieder, das eigene Kuddelmuddel in meinem Kopf neu zu ordnen, die Dinge, die mich beunruhigen, in neuem Zusammenhang zu sehen.»

Karla, 25 Jahre, über ihren gleichaltrigen Freund Jörg: «Jörg ist ein großer Film-Fan. Wenn wir zusammen im Kino waren und anschließend über den Film reden, ist es oft, als hätten wir zwei ganz unterschiedliche Filme gesehen. Durch Jörg erlebe ich Filme doppelt und dreifach intensiv.»

Wer satt und selbstzufrieden durch die Welt läuft, wird sich schwerlich für die Vorzüge eines anderen begeistern können. Die Grenzen des eigenen Ich bleiben dann eng gezogen, Selbstzufriedenheit, innere Verarmung, geistiger Stillstand können die Folge sein. Wer «Null Bock auf nichts hat», wird sich kaum für einen Menschen begeistern können.

Dennoch, ob sich Idealisierung positiv oder negativ auswirkt, hängt in starkem Maße ab von dem Inhalt der Ideale, aber auch, so Margarete Mitscherlich, «zu welchem Ziel und auf welche Weise wir sie benutzen»[105]. So gesehen wird Andreas in seiner Liebe zu Charlotte eher zur tragischen Figur. Er hat nicht nur einzelne Eigenschaften an seiner Studienfreundin bewundert, er hat sie unbewußt auch zum Zentrum seines nicht gelebten Liebeslebens und seiner nicht gelebten Sexualität gemacht. Wenn sie frei wäre, dann könnte ich glücklich sein... Diese Illusion hat ihn Jahrzehnte seines Lebens gekostet, hat ihm erspart, sich mit seiner Angst vor Nähe, vor Bindung, vor Verantwortung auseinanderzusetzen.

Bewußte Überidealisierung einerseits, unbewußte De-sexualisierung des geliebten Wesens andererseits – diesen für platonische Verhältnisse zwischen Mann und Frau auch heutzutage nicht seltenen Vorgang deuten Psychoanalytiker als Fixierung infantiler Bedürfnisse: Das geliebte Wesen wird zur herbeigesehnten guten Mutter der frühen Kindheit gemacht und zugleich, wie die Mutter damals, zu einem sexuellen Tabu erklärt. Eine Fixierung, aus der sich mitunter zwei sich widersprechende Frauenbilder entwickeln: die Mama, die Heilige, die Unberührbare auf der einen und auf der anderen Seite die Hure, mit der man «es» ohne Angst und Schuldgefühle treiben darf. Als wohl bekanntestes Beispiel derartiger Triebentwicklung sei hier kurz Kafka genannt: Immer, wenn sich bei ihm eine Beziehung zu einer Frau anbahnte, die ihn sowohl seelisch wie sexuell ansprach, man denke an seine Verlobte Felice – wurde er von Krankheit und Depression überwältigt. Seine unbewältigte Sehnsucht nach Vereinigung mit der Mutter war, so Margarethe Mitscherlich, Ursache seiner Unfähigkeit, die «reine» desexualisierte Liebe mit der «schmutzigen» sexuellen zu vereinigen.[106]

Ein extremes Beispiel, gewiß. Und doch ein Hinweis darauf, warum manche Verhältnisse ein Leben lang platonisch bleiben, obgleich, von außen betrachtet, einer leidenschaftlichen Liebe nichts im Wege stünde.

Auch Frauen scheinen vor dem Hang zur Überidealisierung nicht gefeit. Das zeigt das Beispiel von Lilo, einer 46jährigen Sozialarbeiterin, und ihrem Jugendfreund Siegfried, einem gleichaltrigen Entwicklungshelfer. Vor 25 Jahren haben sie sich, zur Zeit ihrer gemeinsamen Ausbildung, kennen- und platonisch lieben gelernt.

Das Gefühl für Siegfried wurzelt noch heute tief; nach unserem zweistündigen Interview mit ihr rief sie uns am nächsten Tag an: Sie sei total aufgewühlt, habe die ganze Nacht nicht geschlafen, nur geweint. Durch das Gespräch sei ihr plötzlich klargeworden, daß Siegfried sie tatsächlich geliebt habe, daß er genau der richtige Mann für sie gewesen sei, nur, sie hätte nie etwas gemerkt bzw. sie habe sich unbewußt der Wahrnehmung seiner Gefühle verschlossen. Und nun, wo ihr das klar wird, sei alles zu spät... Siegfried sei seit Jahren verheiratet, habe zwei Kinder, auch sie habe geheiratet, habe ein Kind. Zwei Königskinder, die auf rätselhafte Weise nicht zueinander hatten kommen können.

Lilo ist alles in allem eher Pragmatikerin als eine romantisch schwärmende schöne Seele. Dennoch fällt auf, wie sie nicht müde wird, die guten Eigenschaften ihres Siegfried kritiklos zu rühmen: Sein «ungemein sensibles Erinnerungsvermögen» selbst an Episoden, die 20 Jahre oder länger zurückliegen; seine geistreichen Briefe; seine niemals langweiligen Geschenke; sein unerschöpfliches fundiertes Interesse an ihrem Beruf usw.

Ganz anders dagegen ihr Mann: Er erscheint eher als unsensibler Holzklotz, als eine Art Depp; eben als der «Mann fürs Grobe». Stets hat er mit Angst, Wut oder heftiger Eifersucht reagiert, wenn ihr Jugendfreund Siegfried sich meldete oder wenn von ihm auch nur die Rede war: «Er hat eben gespürt, daß zwischen Siegfried und mir eine ganz besondere, eine ganz enge Beziehung herrscht, an die er in seiner Einfältigkeit nicht heranreicht. Ein Land, das er nie betreten durfte...»

Auch dies ein Beispiel für Spaltung: Da ist der «Mann fürs Grobe», der Geldverdiener, der einst aus mehr rationalen Gründen geheiratet wurde und der im emotionalen Haushalt von Lilo eher die Rolle eines Hanswurstes spielt. Und da ist der andere mit dem Heiligenschein, der strahlende Siegfried!

«Ein Weg, sich die Illusion zu bewahren, es gäbe einen Mann, der nicht enttäuscht, besteht darin, einen unerreichbaren Mann zu wählen», schreibt der französische Psychoanalytiker Lucien Israël in seinem Buch *Die unerhörte Botschaft der Hysterie*.[107] «Unerreichbar» sei dieser Mann, weil er zu weit entfernt sei, anderweitig gebunden, homosexuell und schon von daher «tabu». Auf jeden Fall, so Israël, wird das Erproben der Realität tunlichst vermieden. Denn «auf dem Spiel steht die Erhaltung der Illusion, der Träume»[108].

Auch die Geschichte zwischen Lilo und Siegfried ist die Geschichte unzähliger Vermeidungen, Näheres zu erproben. Ein einziges Mal – nach 25 Jahren – haben sie sich geküßt! Bezeichnenderweise genau in dem Moment, als Siegfried die Verlobung mit einer anderen gestand. Der erste und letzte Kuß: eine Art Versöhnungs- und Wiedergutmachungsgeste, denn nun war die Trennung ihrer Wege offiziell besiegelt. Die «gemeinen Gunstbezeugungen», sprich Zärtlichkeit und Sexualität, waren damit ein für allemal zwischen den beiden ausgeklammert.

Ob Lilo mit ihrem Siegfried als Ehemann tatsächlich glücklicher geworden wäre? Eine müßige Frage. Es liegt nahe zu vermuten, daß auch Siegfried durch die Realität des Alltags den Glanz der Idealisierung eingebüßt hätte.

Schöner sind Wünsche, sagt der Volksmund. Wie die Phantasie, so setzt sich auch die Idealisierung des geliebten Wesens über die engen Grenzen der Realität hinweg. Beide Haltungen können eine erweiternde Kraft besitzen, als «Vorausträumen» können sie, im Sinne von Ernst Bloch, Vorbedingung sein für Kreativität und für einen Neubeginn im Leben auch des Erwachsenen. Wer jedoch immer nur den Zauber des Anfangs sucht oder ihn für immer und ewig konservieren möchte, stellt sich einer eigenen lebendigen Entwicklung in den Weg. Ganz abgesehen davon, daß eine derart intensiv gelebte platonische Liebe die realen Partner links und rechts um einen herum zu einem lächerlichen Nichts schrumpfen läßt...

Platonisch,
aber nicht für alle Zeiten

«Freundschaft zwischen Mann und Frau gibt es nicht. Die Liebe kommt doch immer wieder dazwischen!» Eine Behauptung, die wohl manchem aus dem Herzen spricht. In diesem besonderen Fall stammt sie von einem jungen smarten Mann namens Harry, einem der Protagonisten in der amerikanischen Filmkomödie *Harry und Sally*.

Er und sie begegnen sich zum erstenmal, als sie die Universität von Chicago verlassen und zusammen nach New York reisen, ihr Glück zu suchen. Sie schließen, könnte man fast sagen, innige Feindschaft auf den ersten Blick: die kesse Sally erwartet alles vom Leben; Harry dagegen ist durch und durch Pessimist. Bei jedem Buch liest er die letzte Seite zuerst, denn er könnte ja sterben, bevor er es ganz gelesen hat...

Nach fünf, dann nach zehn Jahren treffen sie sich zufällig wieder: zwei beruflich erfolgreiche, privat jedoch liebesversehrte Großstadt-Singles. Harry wurde von seiner Frau verlassen, Sally von ihrem langjährigen Freund. Um neuen Enttäuschungen vorzubeugen, um neue Erfahrungen im Schutz der Zweisamkeit zu machen, tun die beiden sich brüderlich-schwesterlich zusammen: frohliche Kumpane, bereit, alles miteinander zu teilen, nur nicht das Bett.

Harry und Sally haben ein Millionenpublikum zum Lachen gebracht, der Film wird vermutlich ein Evergreen werden. Diese Geschichte ist eine witzige Absage an all jene schwerblütigen Storys, in denen es hauptsächlich um die bange Frage geht, ob das Paar sich am Ende kriegt oder nicht. Harry und Sally entlasten sich und den Zuschauer von dieser Frage. Sie machen deutlich, wie überraschend, befreiend und aufregend das Leben sein kann, wenn man sich als Paar nicht immer nur über «das Eine» definiert. Sie gehen zusammen aus; sie belächeln mitleidig die Hochzeit eines befreundeten Paares; sie versuchen, sich gegenseitig zu verkuppeln; sie trösten sich; sie erzählen sich gegenseitig ihre Abenteuer; sie könnten scheinbar so weiterleben bis an ihr unbeschwertes Ende, wenn es nicht doch, bei einer Party der einsamen Herzen, ganz unerwartet «Zoom» zwischen ihnen gemacht hätte und sie sich ganz konventionell für immer in die Arme sinken... ein Happy-End fast wider Willen. Und eine Bestätigung der Annahme, daß auch ein platonisches Verhältnis trotz aller guten Vorsätze auf Dauer nicht platonisch bleibt, wenn der berühmte Funke glimmt und zwei ihn nicht auf immer und ewig niederhalten mögen.

Ob sich in einer platonischen Beziehung jener Funke entzündet und wann, das freilich vermag niemand zu sagen. «Ich fühle nur so lange, wie ich jetzt fühle, solange du fühlst, wie du fühlst. Wenn du dich änderst, ändert sich mein Gefühl und umgekehrt.» [109] Ein Satz aus der psychoanalytischen Praxis von Michael Lukas Moeller, der die Tiefe wechselseitiger Abhängigkeit in jeder Beziehung deutlich macht und ihre oft im Unbewußten verborgene Dynamik. Für jede menschliche Beziehung gilt, daß nur der Wechsel beständig ist. Jede Zweierbeziehung ist ein System: Entwickelt sich der eine, muß sich der andere zwangsläufig mit entwickeln. In welche Richtung, ist vorher schwer zu sagen. Denn Gefühle lassen sich nicht luftdicht in einer Konserve verschließen. Was heute noch schmeckt, kann morgen schon unbekömmlich sein; was heute noch kalt ist, kann sich morgen schon erhitzen.

«Tausendmal berührt, tausendmal ist nichts passiert; tausendmal und eine Nacht – und dann hat's Zoom gemacht» – heißt es im Schlager. Warum erst nach dem tausendsten Mal? Ein Rätsel, das der Schlager uns nicht enthüllt. Die Liebe als «Blitz aus heiterem Himmel», als «plötzliche Explosion» – in der Sprache der Schlager, der Lyrik, der Romane fehlt es nicht an Bildern und Metaphern, die Liebe als «Wunder aller Wunder» zu beschreiben.

Doch eigentümlicherweise wird dies faszinierende Phänomen der «Gefühlsansteckung», wie Roland Barthes es einmal nennt, in den wenigsten Fällen erklärt.[110]

Herz reimt sich am liebsten auf Schmerz. Das gilt übrigens auch für einen großen Teil der vielen psychologischen Ratgeber. Kränkung, Eifersucht, zuviel und zuwenig lieben, trauern, Wut, streiten, Scheidung – erst das Unglück läßt die Fachleute zur Feder greifen und treibt die Menschen zum Lesen. Für die Momente des Glücks dagegen fehlt es auffallend an Modellen. Auch in der Weltliteratur. Besagter «Gefühlsansteckung» werden oft nur ein paar Abschnitte gewährt, um die sich daraus ergebenden Komplikationen um so ausführlicher zu beschreiben. Ob Shakespeares *Romeo und Julia*, Goethes *Wahlverwandtschaften*, Flauberts *Erziehung des Herzens* oder Nabokovs *Lolita* – auf Tausenden von Seiten wird die Liebe als wenig glücklich machende Obsession geschildert, als etwas, das durch äußere oder innere schwierige Bedingungen zum Scheitern verurteilt ist.

«‹Was tun Sie›, wurde Herr K. gefragt, ‹wenn Sie einen Menschen lieben?› ‹Ich mache einen Entwurf von ihm›, sagte Herr K., ‹und sorge, daß er ihm ähnlich wird.› ‹Wer? Der Entwurf?› ‹Nein›, sagte Herr K., ‹der Mensch.›»[111]

Herr Keuner, eine Gestalt in den Geschichten Bertolt Brechts, macht in lakonischer Kürze deutlich, warum Liebe so oft ins Leere fällt: Das «Original» Mensch kann oft recht unbequem werden. Der Entwurf, geprägt von Sehnsüchten und Bildern unserer frühen Kindheit, erscheint uns angenehmer und vertrauter. So muß es zwangsläufig beim Kennenlernen des Originals mit all seinen Ecken und Kanten zur Ent-Täuschung kommen. Ein mühseliger, schmerzhafter Prozeß. Liebe, die blind macht, die in der Phantasie plötzlich zu blühen beginnt wie eine seltene Pflanze, hat nur dann eine Chance sich zu verwirklichen, wenn Vertrauen und Wertschätzung auf dem empfindlichen Terrain des gegenseitigen Sichkennenlernens mit der Zeit wachsen können. Wenn also die anfängliche Verzauberung etwas vom Vermögen einer Freundschaft erwirbt.

Anders und oft weniger spektakulär entwickelt sich die aus

Freundschaft entstandene Liebe: «Sie hat einen Schritt auf diesem Weg schon hinter sich», sagt Francesco Alberoni, Soziologe an der Universität Mailand, bekannt durch seine Studien über weibliche und männliche Erotik.

Nach Alberoni gründet das Verliebtsein, das aus der Freundschaft entsteht, auf einer soliden Basis: «Im Verliebtsein, das eine funkensprühende und schreckliche Initialzündung ist, kennen sich die Verliebten nicht. Ihre empirische Realität enthüllt sich erst nach und nach, als ob die Materie, das Vorhandene, sich den Begierden des status nascendi widersetzen... In der Liebesbeziehung dagegen, die aus der Freundschaft entsteht, gibt es bereits eine gewählte Affinität; es gibt den Respekt für die Freiheit des anderen und die Anerkennung der Grenzen, die sich bei der explosiven Liebe erst unter Schmerzen und Qualen herstellen muß.» [112]

Rücksichtnahme, Wissen um den anderen, Respekt vor seinen Eigenheiten, dieses feine Netz freundschaftlicher Begegnungen und Erfahrungen – so Alberonis These – ist gut geeignet, sich mit dem feinen Netz «strahlender Momente und erotischer Enthüllungen» zu verknüpfen, so daß etwas Kostbares aus der Beziehung erwachsen kann: Dauer. Gewiß, auch das Verliebtsein, das aus «tiefer Freundschaft erblüht», hat etwas eigenartig Unvorhersehbares. Alberoni: «Der Freund oder die Freundin erscheinen plötzlich wie eingewoben in jenes Mysterium, das nur Verliebtheit im anderen Menschen entdecken läßt. Die Verliebtheit ist in Struktur und Erfahrungsgehalt mit der, die zwei Unbekannten passiert, absolut identisch.» [113]

Und doch, so meint er, ist Verliebtheit, die aus einer Freundschaft erwächst, «reiner und gelassener». Das Mysterium ist durch die Zeit der platonischen Beziehung nicht mehr ganz so dunkel und unüberschaubar; die Grenzen des anderen, seine Einzigartigkeit, seine Wünsche und Bedürfnisse haben sich durch die Zeit der Freundschaft als Realität mit eigenem Recht verdeutlicht; das Original ist wichtiger als der vom eigenen narzißtischen Fühlen diktierte Entwurf.

Beispiele solcher Entwicklungsprozesse lassen sich häufig in Kinder- und Jugendfreundschaften finden. Da sind zwei Nachbarskinder zusammen aufgewachsen; im geschwisterlichen Miteinander haben sie sich gegenseitig Streiche gespielt und sich gezankt, sie sind zusammen auf Bäume geklettert, haben Kakao miteinander getrunken und gelacht. Eine arglose Angelegenheit. Mit Beginn der Pubertät, der sexuellen Reife, kann es jedoch sein, daß die beiden Nachbarskinder sich plötzlich – von einem Tag auf den anderen – mit ganz neuen Augen wahrnehmen. Eine Berührung, eine Geste, ein Lachen, ein bestimmter Blick oder ein anderes winziges Körpersignal können ausreichen, um etwas bis dahin völlig Unbekanntes zu entfesseln.

«Als Kinder hatten wir uns mißtrauisch als die Vertreter zweier unverträglicher Spezies betrachtet, er in seiner Rolle als bretonischer Junge, ich als Pariserin, und dies vermittelte uns die beruhigende Gewißheit, daß sich unsere Wege niemals kreuzten», so beschreibt in ihrem Roman *Salz auf unserer Haut* die französische Schriftstellerin Benoîte Groult die Empfindungen der piekfeinen kleinen George aus Paris gegenüber dem bretonischen Bauernlümmel Gauvain, den sie als kleines Mädchen Jahr um Jahr im Sommerurlaub mit ihrer Familie trifft.[114] Er schlitzt ihr die Reifen ihres ersten Fahrrades auf; sie hilft seiner Familie beim Ernteeinsatz und läßt sich in seiner Familie die ihr sonst ungenießbare Specksuppe schmecken; zwei fremde, nur durch die Kinderfreundschaft verbundene Welten.

Jahre später, sie ist Studentin an der Sorbonne, er fährt zum Fischfang hinaus auf die See, passiert «es», während einer Tanzerei. Die bis dahin spröde George fühlt sich vom festen Griff des nach «Sonne und Weizen» duftenden Spielgefährten von einst unwiderstehlich angezogen. Bisher unbekannte Empfindungen überfluten sie; die nunmehr erwachsene junge Frau spürt, daß sich «unsere Korper erkannten und unsere Seelen danach strebten, sich zu vereinen, ohne Rücksicht auf all das, was uns auf der Welt trennen konnte».[115]

Wie bei «Harry und Sally» entwickelt sich aus einer bis dahin platonischen Freundschaft eine Liebe, in diesem Fall eine lebenslange sexuelle Begierde; der Augenblick auf dem Tanzparkett hat mehr verändert als die Zeit. Auch Jahrzehnte später, wenn das

ungleiche Liebespaar sich irgendwo auf der Welt zu seinen leidenschaftlichen Umarmungen trifft – Benoîte Groult schildert das mit
der Effekthascherei eines Softpornos –, schwingt etwas mit vom
Vertrauen jener frühen Kinderjahre, von der Sehnsucht nach den
unbefangenen Spielen und Späßen jener Zeit.

«Nicht die Notwendigkeit, sondern der Zufall ist voller Zauber.
Soll die Liebe unvergeßlich sein, so müssen sich vom ersten Augenblick an Zufälle auf ihr niederlassen wie die Vögel auf den Schultern
des Franz von Assisi…» [116] Ein Leitmotiv aus einem anderen Lie-
besroman der modernen Literatur, *Die unerträgliche Leichtigkeit
des Seins* des tschechischen Autors Milan Kundera.

Zufälle – ohne sie wäre keine Freundschaft, vor allem aber keine
Liebe denkbar. Entscheidend freilich ist, wie man mit dem Zufall
umgeht. Läßt man ihn einfach davonfliegen? Oder deutet man ihn
als wichtige Botschaft, nach der es zu handeln gilt? Vermutlich sind
viele platonische Liebesbeziehungen gerade deshalb so unbeschwert, weil die Zufälle darin einen großen Raum haben – man
läßt sie kommen und gehen, ohne sie als gewichtige Chance zu
deuten, die man unbedingt am Schopf packen muß. Gerade aus
dieser Zwanglosigkeit kann sich ein tieferes Kennenlernen entwik-
keln, aus dem dann eines Tages, wenn der Moment reif ist, der
Entschluß erwächst, der Beziehung eine andere, neue Dimension zu
geben.

So erging es beispielsweise Theo und Yvonne, einem jungen Paar,
das wir für dieses Buch interviewten. Sie waren beide erst 15 Jahre
alt, als sie sich kennenlernten anläßlich eines deutsch-französi-
schen Schüleraustausches. Zufällig wurde Yvonne in Theos Familie einquartiert, man zeigte ihr die Stadt, machte gemeinsame Aus-
flüge, der junge Deutsche fand die junge Französin bezaubernd, die
fremde Sprache, das fremde Flair hatten für ihn einen exotischen
Reiz. Yvonne ging es ganz ähnlich. «Den Theo hätte ich gern für
immer», dachte sie beim Abschiednehmen. Eine altersgemäße
Schwärmerei, auf keinen Fall mehr. Was hätte man bei über tausend
Kilometer Entfernung auch tun können? Telefonieren? Öfter mal
in den Zug steigen oder gar ins Flugzeug? Unmöglich, wenn man
noch zur Schule geht und nur über ein kleines Taschengeld verfügt!

So sah man sich die nächsten vier Jahre lang immer nur in den Ferien, mal in Deutschland, mal in Frankreich, eigentlich nur, um die Sprache des anderen Landes zu vertiefen. Theo fing an seiner Schule eine Liebschaft mit einer Klassenkameradin an, Yvonne hatte hier und da einen Verehrer.

«Wir haben uns fünf Jahre lang wie Freunde benommen», sagt Theo. «Wir haben zwar gespürt, daß da was ganz Tiefes zwischen uns war, aber wir haben uns einfach nicht getraut, das zu sagen. Bei dieser großen Entfernung schien der Gedanke an Intimität völlig absurd. Wenn wir uns sahen, hatten wir nur eins im Kopf: Flirt.» In seinen Briefen freilich ging der wortgewandte Theo oft weiter als in der Realität. «Heirate nicht, warte auf mich», schrieb er ihr einmal, kurz nach dem Abitur.

Wieder einmal kam es zu einem der kurzen Ferientreffen, und da, drei Stunden bevor Theos Zug fahren sollte, spürten beide, daß es kein Zurück mehr gab. In einem kleinen Café, in dieser merkwürdigen Mischung aus Abschiedsschmerz und Vorfreude auf ein Wiedersehen irgendwann, sahen sich beide plötzlich lange in die Augen und wußten: «Wir wollen uns öfter als nur einmal im Jahr sehen. Wir wollen zusammen auf die Universität. Wir wollen und müssen immer zusammenbleiben.»

Heute, zwölf Jahre nach ihrer ersten zufälligen Begegnung, sind beide ein glücklich verheiratetes junges Paar. Sie sprechen fließend die Sprache des anderen; sie wohnen in Theos Heimatstadt, wo beide einen Job gefunden haben, sie sind aber auch bereit, falls nötig, in Yvonnes französische Heimat zu ziehen, die beide lieben. Irgendwann wünschen sie sich ein Kind. Man spürt etwas von ihrer Zärtlichkeit zueinander und von ihrer Freundschaft, die sich bei der anfangs großen geographischen Distanz auf dem Boden gemeinsam ausgetragener Konflikte vertieft hat.

«Mehrere Anzeichen scheinen darauf hinzudeuten, daß die Vorstellung, die wir uns von einer idealen Liebesbeziehung machen, mehr vom Leitbild der Freundschaft als von dem der Leidenschaft ausgeht», diese Einschätzung der französischen Philosophin Elisabeth Badinter scheint auf viele junge Paare wie Theo und Yvonne zuzutreffen. Gelassenheit statt Erschütterung; Gegenseitigkeit statt einseitiger Schwärmerei; Offenheit statt Fremdheit; Vertrauen statt Mißtrauen; der Wunsch, solidarisch Seite an Seite dem Leben gegenüberzutreten, die Welt mit den gleichen Augen zu sehen – dies sind nach Badinter heute die Gründe vieler junger Leute, sich zusammenzutun, «einen Liebhaber zu heiraten, den man sehr gut kennt, gewissermaßen den bevorzugten Freund»[117].

Oft bleibt eine Freundschaft nur deshalb über Jahre hinweg platonisch, weil die äußeren Umstände es nicht anders erlauben. Beispiele dafür finden sich hauptsächlich in der älteren Generation. Dazu die faszinierende Geschichte des 71jährigen Christoph W., eines vitalen Rentners, und seiner jetzigen Lebensgefährtin, der 70jährigen Paula: «Paula und ich sind als Nachbarskinder in einem kleinen Ort bei Posen aufgewachsen», erzählt uns Christoph W. «Schon als 19jähriger habe ich ein Auge auf die hübsche Paula geworfen. Doch die Konvention stand zwischen uns. Sie war evangelisch, ich katholisch – in den Augen unserer Eltern hätte das eine nicht akzeptable Mischehe gegeben. Auch der enge moralische Mantel jener Zeit schnürte uns ein. Der Mensch existierte damals nur bis zum Bauchnabel.»

Christoph W., der noch heute etwas von einem charmanten Draufgänger hat, erinnert sich lebhaft, wie er bei einem Tanzvergnügen die brave Paula zu einem Mondscheinspaziergang in den Garten lockte. «Doch plötzlich rief die Frau Mama; es kam ein Zittern durch Paula.» Zähneknirschend mußte er sie mit einer Verbeugung am Tisch ihrer Eltern abliefern. Paula M. heiratete einen verwitweten Pastor mit fünf Kindern; Jugendfreund Christoph nahm resigniert eine andere.

Der Zufall wollte es, daß sich die beiden 40 Jahre später, inzwischen beide verwitwet und im Ruhestand, bei einem Heimattreffen wiedersahen. «Ein dolles Gefühl!» sagt Christoph, glücklich und ergriffen. Man ließ den Zufall nicht einfach vorübergehen, knüpfte den abgerissenen Faden neu wieder an. Ohne lange zu fackeln, löste er seine Wohnung auf und zog zu Paula, die seit zehn Jahren allein vor sich hin gelebt hatte.

Jetzt tun sie all das, was sie früher nicht durften. Zusammenleben, zusammen reisen, zusammen kochen, zusammen Theater spielen. Das Älterwerden, meint Christoph, habe ihn «beziehungsfähiger» gemacht. Er kann seine neue Partnerin, die alte Paula, so nehmen, wie sie ist; er will sie nicht nach seinem Willen ummodeln. Und auch die brave Paula hat das Moralkorsett von einst ein wenig gelockert: «Wenn unsere Eltern sehen würden, was wir beiden alles zusammen tun, die würden sich im Grabe umdrehen!» Und die beiden über 70jährigen lachen wie zwei Kinder, die den Großen endlich mal einen gelungenen Streich gespielt haben.

Unbequem, doch unvermeidbar:
Eifersucht

«Damals muß es gewesen sein, daß zum erstenmal wie eine heiße Stichflamme Eifersucht in mir hochschoß. Noch war es nur eine Ahnung, ein Gefühl jenseits denkbarer, sagbarer Worte, etwas Unbestimmtes war es, das sich heiß wie Feuer in meinem Körper hochschraubte, im Brustkorb verweilte, die Kehle zusammenpreßte, als wollte es mich ersticken, und das Gesicht rötete. Als es das Gehirn erreichte, stürzte ich kopfüber ins Leere, vielleicht um das Unvorstellbare noch nicht denken zu müssen. Als es vorüber war, hatte ich keine Kraft mehr in den Gliedern. Ich hatte keinen Gedanken im Kopf, nur ein vages Erstaunen, daß er unberührt und nichtsahnend neben mir ging.» [118]

Eifersucht. Nicht jeder erlebt sie so intensiv wie die Erzählerin in Waltraud Anna Mitgutschs Roman *Das andere Gesicht*. Aber viele werden nachempfinden können, was die österreichische Schriftstellerin so eindringlich schildert.

Jeder erlebt Eifersucht anders und jeder einzelne wird sie je nach Situation schon unterschiedlich empfunden haben: mal wie ein lebensbedrohliches Erdbeben, dem man hilflos ausgeliefert ist, mal wie den gefährlichen Angriff eines wilden Tieres, gegen den man sich mit aller Kraft und Wut wehrt, mal wie einen eisigen Hauch, unter dem man zu erstarren scheint, mal wie die schwere Schwüle vor einem nahen Gewitter.

Eifersucht hat viele Gesichter. Und darum hat sie auch viele Deuter gefunden. Krankhafte Züge nimmt die Eifersucht wohl nur in extremen Fällen an. Sigmund Freud hielt sie für einen normalen Zustand: «Es ist leicht zu sehen, daß sie sich wesentlich zusammensetzt aus der Trauer, dem Schmerz um das verloren-geglaubte Liebesobjekt und der narzißtischen Kränkung, soweit sich diese vom anderen sondern läßt, ferner aus feindseligen Ge-fühlen gegen den bevorzugten Rivalen und aus einem mehr oder weniger großen Beitrag von Selbstkritik, die das eigene Ich für den Liebesverlust verantwortlich machen will.» [119]

Schon kleine Kinder können eifersüchtig sein. Das ältere Kind leidet darunter, daß das jüngere ihm einen nicht unerheblichen Teil elterlicher Zuwendung entzieht. Der kleine Junge sieht in der Mutter die erste begehrenswerte weibliche Person und belauert darum eifersüchtig den Vater, den er als Rivalen empfindet. Das kleine Mädchen fühlt sich durch die Mutter in ihrem Flirt mit dem Vater gestört und tröstet sich nicht selten mit Sätzen wie diesem: «Wenn Mama tot ist, heirate ich den Papi.» Ein Schulkind ist ge-kränkt, wenn seine Lieblingslehrerin ein anderes Kind lieber mag. Ein Junge, der sich als besten Freund eines anderen betrachtet, wird eifersüchtig, wenn er sich links liegengelassen fühlt.

Da nimmt es nicht wunder, wenn auch Erwachsene so fühlen. Zumindest unbewußt erwarten die meisten Menschen, wenn sie sich an einen anderen emotional binden, daß ihnen dieselben Ge-fühle entgegengebracht werden. Mehr noch: Je intensiver eine ge-fühlsmäßige Bindung wird, desto wahrscheinlicher ist es, daß sich ein Wunsch nach Ausschließlichkeit einstellt.

Dieses emotionale Phänomen, das sich als Eifersucht bemerk-bar macht, spielt nicht allein in Liebes-, sondern auch in freund-schaftlichen Beziehungen eine Rolle. Latente oder offensichtliche Eifersuchtsreaktionen gibt es wohl in allen platonischen Verhält-nissen; und zwar sowohl untereinander, zum Beispiel auf den Ehe-mann der guten Freundin, als auch der jeweiligen Partner, die sich von der Intimität des Freundespaares irritiert fühlen.

Gerade alleinlebende Frauen klagen häufig darüber, daß Ehe-frauen oder Lebensgefährtinnen ihrer platonischen Freunde ihnen das Leben sehr schwermachen würden. Wir haben den Eindruck gewonnen, daß sich hier ein weitgehend automatisiertes Gefühls-muster zeigt, über das in den seltensten Fällen wirklich nachgedacht wird: wenn etwa eine Ehefrau registriert, daß sich ihr Mann mit einer Arbeitskollegin anfreundet, gelten Skepsis, Argwohn und sanfte Sabotage als naheliegende Reaktionen. Kaum jemand unter unseren Gesprächspartnern hat in vergleichbaren Situationen die Erfahrung gemacht, daß die Beteiligten ihr Verhalten selbstkritisch hinterfragen.

Eine unserer Gesprächspartnerinnen, die Gestalttherapeutin Inga, formulierte eine verallgemeinerungsfähige Einsicht: «In meinem Beruf erlebe ich ja immer wieder, wie Beziehungen dadurch scheitern, daß man sich aneinander klammert, daß man aneinander festhält, daß man dem anderen gar nicht erlaubt, auch mal außerhalb dieser Zweierkapsel Luft zu holen.» Die Ursache dafür, erklärt Inga, geht oft auf eine gestörte frühe Mutter-Kind-Bindung zurück. Ein Kind, das in der Symbiose mit der Mutter nicht wirklich satt geworden sei, werde diesen Hunger noch als Erwachsener verspüren. Er fordere von seinem Partner absolute ungeteilte Aufmerksamkeit und Zuwendung, weil er glaube, ohne dieses Gefühl, total unersetzlich zu sein, nicht leben zu können.

«Für einen solchen Menschen», fügt Inga hinzu, «der pausenlos diese narzißtische Bestätigung vom Partner braucht, für den ist es natürlich höchst gefährlich, wenn der Partner, die Partnerin sich einem anderen zuwendet.»

Nichtsdestotrotz läßt auch Ingas Hinweis die spannende Frage offen, warum man überhaupt auf ein platonisches Verhältnis eifersüchtig sein kann? Nahe liegt zumindest der Verdacht, daß hier Projektionen, zum Beispiel eigene Untreuewünsche, des mit Eifersucht reagierenden Partners zum Tragen kommen. Auch scheint es uns oft so zu sein, daß eine eifersüchtige Reaktion des Partners durch das Freundespaar regelrecht provoziert wird, indem man, im Sinne einer «self-fulfilling prophecy», solche Komplikationen erwartet oder vorwegnimmt.

In gewissem Sinne trifft letzteres auch auf Boris und Helen zu, deren Geschichte wir etwas ausführlicher vorstellen wollen, da sie einen überaus konstruktiven Weg gefunden haben, mit diesem heiklen Gefühl umzugehen. Boris ist 21 Jahre alt und Angestellter in der Verkaufsabteilung einer großen Firma. Er lebte schon mit Sabine zusammen, als er Helen kennenlernte. Helen kam als Lehrling direkt nach der Handelsschule in seine Abteilung. Sie empfand das Arbeitsklima als fremd, als kalt und feindselig. Bis Boris auftaucht. Er scheint ihr sofort vertraut, als würde sie ihn schon lange kennen.

«Ich hatte gleich das Gefühl», sagt Helen, «hier ist einer, an dem ich mich festhalten kann.» Und Boris ging es nicht anders. «Ich hatte irgendwie das Gefühl, daß Helen jemand braucht. Und es schoß mir gleich durch den Kopf, daß ich derjenige sein wollte.»

Zwischen Helen und Boris entwickelt sich eine enge Freundschaft. Boris fürchtet sehr rasch, daß Komplikationen entstehen könnten. Daher erzählt er Sabine von Helen und stellt sie einander vor. Er hat Glück: sie sind sich sofort sympathisch. Das hat auch mit der Ähnlichkeit ihrer Biographien zu tun. Beide verloren ihren Vater früh, beide waren die Älteste zu Hause und bekamen ein Übermaß an Verantwortung aufgehalst für ihre jüngeren Geschwister. Die beiden kommen sehr schnell ins Gespräch über ihre Kindheit und werden sich so rasch vertraut. Seitdem sind sie «beste Freundinnen».

«Es war von Anfang an ein schönes Verhältnis. Trotzdem waren unausgesprochene Spannungen zwischen uns», sagt Sabine.

Das Dreier-Verhältnis entspannte sich, als Peter es zu einem Viereck erweiterte. Er hatte sich in Helen verliebt. Und auch Helen liebte ihn «auf den ersten Blick». Doch dann wurde es erst richtig kompliziert. Boris gibt zu:

«Als ich merkte, daß Sabine Peter auch sehr sympathisch fand, kamen mir erste Zweifel. Ich muß gestehen: Ich war immer wieder richtig eifersüchtig, vor allem wenn ich Peter und Sabine oft herzlich miteinander lachen sah. Sabine und ich, wir haben uns wirklich sehr lieb. Wir haben auch vieles gemeinsam. Aber wir können einfach nicht über dasselbe lachen. Früher war mir das egal. Man kann ja nicht in allen Bereichen gleich ausgerichtet sein, dachte ich. Jetzt aber fiel es mir schon sehr auf den Wecker, daß Sabine und Peter da auf einer Welle schwammen.»

Die anderen merken natürlich, daß Boris immer in derselben Situation sichtlich verstimmt ist. So fängt Sabine schließlich ein Gespräch an.

«Sie hat mir klargemacht, daß ich doch auch eine Menge Momente erlebe, in denen ich mich Helen sehr nahe fühle, daß sie, Sabine, das wohl auch bemerkt hätte.»

«Vielleicht müssen wir alle ein bißchen umlernen», sagt Sabine. «Aber ich finde, das lohnt sich. Wir wollen uns doch nicht in Zweierkapseln hocken! Nein, ich finde, daß es zu viert viel abwechslungsreicher ist! Ich möchte Peter hier ebensowenig missen wie Helen.»

«Es hat eine Weile gedauert, bis ich das wirklich so akzeptieren konnte. Aber die Mädchen – auch Helen – haben mich immer wieder darauf aufmerksam gemacht, wenn ich Helens Nähe besonders genossen habe», erzählt Boris.

«Ja, ich finde das ganz toll. Wir haben eigentlich alle vier gemeinsam gelernt, sehr aufmerksam miteinander umzugehen. Am Anfang haben wir uns mit dem Kopf manches schöne Gefühl auch zerstört. Inzwischen ist uns diese Aufmerksamkeit in Fleisch und Blut übergegangen. Ich bin davon überzeugt, daß wir da miteinander gewachsen sind.»

Den vieren ist gelungen, die schwierige Situation durch Offenheit zu meistern. Es ist kein bequemer Weg, die Flucht nach vorn anzutreten. Doch ist es oft unerläßlich, die in der Luft liegenden Spannungen, die unausgesprochen alle Beteiligten mehr oder weniger drastisch empfinden, anzusprechen. Manchmal ist es gut, die Dinge klarzustellen, bevor sich das übliche Gemisch aus Eifersucht und mulmigen Gefühlen überhaupt zusammenbrauen kann. Boris und Helen, Peter und Sabine haben jedenfalls von ihrem Mut nur profitiert.

Noch etwas scheint uns neben dem Mut zur Offenheit wichtig: Eifersucht als ein normales Gefühl zu akzeptieren, das man nicht schamhaft wegdrängen, sondern zulassen sollte. Gerade wenn aus einer Zweierbeziehung plötzlich ein Dreieck wird, ist Eifersucht eine normale Reaktion. Das erfährt schon das kleine Kind. Normalerweise erlebt es das Zusammensein mit Vater und Mutter als

Dreieck, das zweifellos auch Spannungsfeld ist. Hildegard Baumgart, Eheberaterin bei der Ökumenischen Beratungsstelle in München-Perlach, sagt:

«Die Definition des Menschen als soziales Wesen geschieht in diesem Dreieck, nicht in der Zweierbeziehung.» Gibt es nicht beide Elternteile, so sei dieses Erlebnis immer noch mit Hilfe von Ersatzpersonen möglich oder notfalls in der Phantasie. In diesem Dreieck erlebt das Kind zum erstenmal die Angst um den Verlust eines Menschen, den es liebt. Und in diesem Dreieck erlebt es auch zum erstenmal Aggressionen gegenüber einem vermeintlichen Rivalen entweder um die ausschließliche Zuwendung der Mutter oder um die des Vaters. In diesem Dreieck spürt es also zum erstenmal Eifersucht.

«Vor allem wird auch Schuld erlebt», fügt Hildegard Baumgart hinzu, «und die Unausweichlichkeit von Schuld. Das Kind liebt beide Eltern mehr oder weniger, und jeder, der Kinder hat, kann beobachten, daß es manchmal einen von beiden Elternteilen für sich allein haben will; dann ist es unausweichlich, daß es ein schlechtes Gewissen bekommt, weil es dem anderen Elternteil etwas wegnimmt. Und es nimmt sich ja auch selbst dem andern weg, indem es aus dem Dreieck ein Zweieck machen möchte.» [120]

Hat ein Erwachsener neben einem Liebesverhältnis eine platonische Beziehung, so kann er solche Dreieckserfahrung neu durchleben. Der 18jährige Frank, der von Kindesbeinen an mit Tina befreundet ist, hat sich in Astrid verliebt. Es war fast unvermeidlich, daß Tina eifersüchtig wurde. «Wir haben bisher immer alles zusammen gemacht. Und nun gibt es etwas für dich, was ohne mich schöner für dich ist», sagt Tina traurig. Es spricht für die Freundschaft der beiden, daß sie aussprechen können, was sie empfinden. Frank versteht Tina. Er rückt näher an sie ran, nimmt sie in den Arm, drückt ihr einen Kuß auf die Wange. Er spürt, daß sie Beistand braucht, um die Veränderung in ihrer Beziehung zu verarbeiten.

Überaus kompliziert wird es, wenn nicht beide in einem platonischen Verhältnis gleichermaßen zufriedenstellende Liebesbeziehungen führen. Fast automatisch fühlt sich der oder die Alleinstehende schneller vernachlässigt, reagiert häufiger gekränkt. Dann ist es, wie uns viele unserer Interviewpartner bestätigen, oft recht schwierig, die Balance zu halten und einander das Gefühl, aufgehoben zu sein, zu vermitteln.

Von Norbert, Gerhild und Mara haben wir bereits erzählt. Norbert ist Hausmann, Gerhild Juristin, beide sind 27 Jahre alt. Alles war wunderbar, bis Mara auftauchte. Das Interview für unser Buch hat schließlich dazu geführt, daß wir nun mit allen drei Beteiligten zusammensitzen und sich ein sehr intensives, langes Gespräch über ihr «Dreieck» entspinnt. Während Mara und Norbert den Beginn ihrer Freundschaft schildern, hört Gerhild nur zu. Als Mara jedoch die Rede darauf bringt, was für ein Glück Gerhild hätte, daß sie sich ihren beruflichen Interessen ohne schlechtes Gewissen widmen könnte, weil sie die Kinder in Norberts Händen wüßte und Norbert außerdem auch noch Spaß an den Aufgaben im Haus und mit den Kindern hätte, da mischt sich Gerhild ein:

«Wir haben das alles genau besprochen. Wir haben vereinbart, daß Norbert sein Studium zu Ende führt, wenn die Kinder in die Schule gehen. Wir haben beschlossen, keine weiteren Kinder mehr zu haben. Steffen und Rupert machen uns viel Freude. Aber mehr müssen es nicht sein. Und eigentlich sind sie ja jetzt sogar zu dritt.»

Damit hat Gerhild auf das in ihrer Partnerschaft im Moment strittigste Thema gelenkt: seit einigen Wochen betreut Norbert Julia mit. Die Kinder mögen sich und sind glücklich darüber. Norbert macht das Spaß. Und Mara, die endlich den lang ersehnten Studienplatz bekommen hat, ist mit dieser Lösung mehr als zufrieden:

«Ich finde es einfach albern», glaubt sich Norbert offensichtlich rechtfertigen zu müssen, «wenn ein Mensch, der gern studieren möchte, der wissenschaftlich arbeiten will, wenn der dazu verdonnert wird, auf ein kleines Mädchen aufzupassen. Vor allem in unserem Fall wäre das doch blöd. Julia fühlt sich bei uns pudelwohl.»

Gerhild ist innerlich aufgewühlt. Zwar gibt sie sich große Mühe, das zu verbergen, aber es gelingt ihr nicht. Ob sie denn mit der Lösung nicht einverstanden sei?

«Das ist es ja!» Norbert wird zum erstenmal aggressiv. «Wir haben das ja alles genau besprochen. Erst fand Gerhild nichts dabei. Aber plötzlich ist ihr das alles nicht mehr recht!»

Nun wird die Sache auch für Mara unangenehm. Beide Frauen wollen etwas sagen, zögern. Schließlich gibt sich Gerhild einen Ruck: «Es stört mich ja auch gar nicht, daß Norbert Julia mitbetreut. Das ist okay, wenn er Lust dazu hat. Damit hat das nichts zu tun!»

«Ja, womit denn?» fragt Mara fast erleichtert. «Na ja, es wird eben immer schlimmer», sagt Gerhild leiser. «Wenn ich abends spät und hundemüde nach Hause komme, erzählt mir Norbert erst einmal super-ausführlich, was Mara heute an der Uni Tolles erlebt hat, was sie wieder geleistet hat. Dann berichtet er von den Jungen, was sie tagsüber angestellt haben. Und wenn er mich dann, schon das Ende des Begrüßungsgespräches anpeilend, noch beinahe beiläufig fragt, wie ich den Tag verbracht habe, dann habe ich großes Glück gehabt. Und da ist es doch kein Wunder, wenn ich das zum Heulen finde!»

Und als sie das sagt, schluchzt sie und weint und kann gar nicht aufhören. Alle sind ganz starr vor Schreck. Mara will Gerhild in den Arm nehmen. Gottlob ist Norbert schneller. Mara begreift und zieht sich ein wenig zurück. Wir schweigen lange.

Als wir uns Tage später wiedertreffen, merken wir sofort, daß sich was verändert hat. Die beiden Frauen haben zum erstenmal offen miteinander gesprochen. An Mara ist Gerhild klargeworden, daß die Aufgabenteilung zwischen Norbert und ihr durchaus nicht selbstverständlich ist. Sie kann es jetzt auch Mara gegenüber zugeben, daß die Regelung es ihr ermöglicht, ihre Freude am Beruf ungetrübt auszuleben. Maras Mann zum Beispiel, das weiß sie jetzt, hatte nur abfällige Bemerkungen über Norbert, als Mara ihm von seinem Leben als Hausmann erzählt hatte. «Der kann ja wohl nichts anderes!» und ähnliche Äußerungen waren an der Tagesordnung. Darum bewertet sie die Freundschaft zwischen

Mara und Norbert heute ein wenig anders. Norbert war, wie Mara nicht zu träumen gewagt hätte, daß ein Mann sein könnte, weil das bei ihrem Mann ganz und gar unvorstellbar gewesen wäre. Darum findet Gerhild es heute geradezu albern, daß sie «so ein Theater» gemacht hat.

«Theater war das nicht», unterbricht sie Norbert energisch. «Du hast ja recht, Gerhild, ich habe unsere Partnerschaft unglaublich vernachlässigt! Ich war so hingerissen von der Entwicklung, die Mara durchmachte und an der ich mich beteiligt fühlte, daß es dazu kommen konnte!»

Und Mara sagt: «Auch ich war so mit mir beschäftigt. Ich habe einfach nicht darüber nachgedacht, was du empfinden könntest. Ja, ich habe ja nicht einmal was dabei gefunden, wenn ich Norbert vor Freude um den Hals fiel!»

«Ja, das habe ich mal gesehen, da hat Norbert dich sogar geküßt, nur auf die Wange, aber immerhin. Er hat dich auch gestreichelt. Da bin ich das erste Mal ausgerastet!» kommt es bei Gerhild doch wieder hoch.

«Aber das war doch nur ganz brüderlich!» erklärt Norbert kleinlaut.

«Brüderlich oder nicht – wer soll das schon wissen? Und wenn es wirklich brüderlich war, wie lange bleibt das so? Oder werdet ihr dann nicht irgendwann einmal vielleicht doch ganz geschwisterlich unter der Bettdecke landen?» Es ist deutlich, daß Gerhild ihre Angst noch nicht los ist.

«Ich bin sicher, daß das nicht passieren wird!» beteuert Norbert, und Mara stimmt zu. «Und eins verspreche ich dir», fügt Mara hinzu, «sollte es tatsächlich passieren, werde ich es dir sagen, Gerhild! Aber es passiert sicher nicht!»

Die 68er Generation versuchte den Besitzanspruch auf den Partner aufzugeben, sexuelle Bedürfnisse ohne Beschränkungen auszuleben. Heute stehen wir solcher Euphorie doch wesentlich skeptischer gegenüber. Hildegard Baumgart meint, den Denkfehler der Theorien entdeckt zu haben, die glaubten, Eifersucht könne man einfach abschaffen. Sie sagt:

«Diese Forderungen waren und sind berechtigt, denn es ist ein Kennzeichen patriarchalischer Ehe, daß sich die Partner als Besitz betrachten. Daran Kritik zu üben, war durchaus richtig. Nicht einverstanden
bin ich damit, daß man damals jedes Zusammengehörigkeitsgefühl als
Besitz definiert und verurteilt hat. Es kann durchaus positiv sein, zu
jemandem gehören zu wollen... Wichtig ist, und das gilt wohl für alle
Beziehungen, daß man beweglich bleibt: So kann es eine Frau durchaus wollen, daß ihr Mann sie als seinen Besitz betrachtet, doch er soll
sie auch bis zu einem gewissen Grad freilassen können. Und umgekehrt will die Frau auch, daß der Mann zu ihr gehört, sich nicht alles
erlauben darf, und dennoch frei genug bleibt, sein Leben zu leben.» [121]

Auf unser Thema bezogen: Wenn für ein Paar sexuelle Treue ein
äußerst wichtiger Wert ist, so sollten sich die Partner auch in kriti-
schen Situationen vergegenwärtigen, daß ein platonisches Verhältnis nicht mit Untreue gleichzusetzen ist. Ebenso gilt: Wenn
man mit einem sexuell gebundenen Partner eine solche Freundschaft pflegt, tut man gut daran, dann auch die Grenzen, die dieser
Beziehung gesetzt sind, im Bewußtsein zu behalten.

Alfred Adler verstand Eifersucht nicht als Spannungsphänomen
zwischen Bindung und Freiheit, sondern als Ausdruck eines besonderen Strebens nach Macht. Demnach situiert er Eifersucht in
einem Spannungsfeld zwischen Unsicherheit und Macht, denn
Adler begreift das Streben nach Macht als Kompensation von
Minderwertigkeitsgefühlen. Aus dieser Perspektive wird nach-
vollziehbar, warum Menschen, die eine Krise ihres Selbstwertgefühls durchleben, besonders anfällig für Eifersucht sind. Will man
unnötige Verletzungen vermeiden, ist es sicherlich hilfreich, sich
an diesen Zusammenhang zu erinnern.

In ihrem Buch *Liebe, Treue, Eifersucht. Erfahrungen und Lö-
sungsversuche in Beziehungsdreiecken* eröffnet Hildegard Baumgart einen konstruktiven Ausweg aus dem Dilemma mit der Eifersucht, das für platonische Verhältnisse zum wirklichen Hindernis
werden kann. Ihre These: Eifersucht läßt sich ertragen. Ihre Erfahrung zeigt, daß die meisten Menschen ambivalente Gefühle nicht
zulassen. Alles soll immer schön und eindeutig sein. Man soll seinen Partner nur lieben, nie negative Gefühle gegen ihn empfinden.

151

«Das war für mich zum Beispiel eine ganz wichtige Erfahrung», sagt sie, «daß Auseinandersetzungen, ja Haßgefühle dem Partner gegenüber die Liebe nicht gefährden müssen. Ein einzelnes Ereignis, das war meine Erfahrung, stellt nicht alles, was vorher gewesen ist, unbedingt in Frage.» [122]

Es ist also keine Lösung, Eifersuchtsgefühle zu verdrängen. Es kommt darauf an, darüber zu sprechen, wenn sie auftauchen. Hildegard Baumgart: «Man kann versuchen, mit der Eifersucht besser umzugehen, abschaffen kann man sie nicht.» [123]

Beinahe alle unsere Gesprächspartner waren sich darin einig, daß der Lösungsvorschlag, den Hildegard Baumgart macht, zwar kein Allheilmittel, wohl aber eine vielversprechende Alternative bietet. Einige Male konnten wir miterleben, zum Beispiel im Fall von Gerhild, Norbert und Mara, wie klärende Gespräche zum Abbau massiver Spannungen beigetragen haben, ohne natürlich alle Probleme restlos zu bereinigen. Andere Gesprächspartner berichteten von solchen Versuchen in ihren Beziehungen, sie haben zumindest die Erfahrung gemacht, daß es sich besser leben läßt, wenn latente Konflikte angesprochen werden.

Alle haben Erfahrungen mit dem Thema Eifersucht gesammelt, doch in keinem der uns bekannten Fälle zerbrach eine Partnerschaft am Mut zur Offenheit. Im Gegenteil: Im Gespräch kamen sich die Partner oft wieder näher. Nicht selten, so versicherte uns manch einer, endete eine Aussprache mit der Einsicht, daß das platonische Verhältnis, der Stein des Anstoßes, für die Partnerschaft eine Bereicherung und produktive Herausforderung darstellt.

Anmerkungen

1. Wilhelm Reich: Die Funktion des Orgasmus. Sexualökonomische Grundprobleme der biologischen Energie. Köln 1969
2. Botho Strauß: Paare Passanten. München/Wien 1981, S. 16
3. Ingrid Kolb: Das Kreuz mit der Liebe. Der Mythos von der sexuellen Befreiung. Hamburg 1980, S. 18
4. Richard von Krafft-Ebing: Psychopathia sexualis. Stuttgart (1886), München 1984, S. 12/13
5. Gunter Schmidt: Das große DER DIE DAS. Über das Sexuelle. Reinbek bei Hamburg 1986, S. 44
6. Gabriele Braun: Der neue Zölibat. In: «Stern», Nr. 51/1982
7. Hans Conrad Zander: Die Männer werden keusch. In: «Stern», Nr. 51/1982
8. Jan de Keroguen: Le plaisir chaste. Paris 1987
9. Sam Keen: Liebeskrise. Im Niemandsland zwischen Romantik und Sex. In: Liebe, Freundschaft und so weiter. Weinheim/Basel 1989, S. 23
10. Elisabeth Badinter: Ich bin Du. Eine neue Beziehung zwischen Frau und Mann oder Die androgyne Revolution. Frankfurt/M. 1987
11. Elisabeth Badinter, a. a. O., S. 250
12. Elisabeth Badinter, a. a. O., S. 255
13. Elisabeth Badinter, a. a. O., S. 190
14. Elisabeth Badinter, a. a. O., S. 196
15. Niklas Luhmann: Liebe als Passion. Zur Codierung von Intimität. Frankfurt/M. 1984, S. 29
16. Zitiert nach: Freundschaft zwischen Frau und Mann. In. «FÜR SIE» 8/1989, S. 154
17. Zitiert nach: «FÜR SIE», 8/1989
18. Zitiert nach: «FÜR SIE», 8/1989
19. Cordula Koepcke: Lou Andreas-Salomé. Frankfurt/M. 1986, S. 223
20. Zitiert nach Cordula Koepcke, a. a. O., S. 315
21. Ursula Richter: Einen jüngeren Mann lieben – Neue Beziehungschancen für Frauen. Stuttgart 1989

22. Robert Schumann zitiert nach: Catherine Lépront: Clara Schumann – Künstlerleben und Frauenschicksal. München 1989, S. 209

23. Catherine Lépront, a. a. O., S. 227

24. Catherine Lépront, a. a. O., S. 235

25. Catherine Lépront, a. a. O., S. 250

26. Catherine Lépront, a. a. O., S. 252

27. Catherine Lépront, a. a. O., S. 256

28. Catherine Lépront, a. a. O., S. 270

29. «BUNTE»-Illustrierte, 48/1989, S. 30

30. «BUNTE»-Illustrierte, a. a. O., S. 36

31. Elena Gianini Belotti: Liebe zählt die Jahre nicht. Wenn Frauen jüngere Männer lieben. Reinbek bei Hamburg 1990, S. 19

32. Zitiert nach: André Maurois: Das Leben der George Sand. München 1985, S. 76

33. Zitiert nach: André Maurois, a. a. O., S. 76

34. André Maurois, a. a. O., S. 81 f

35. Zitiert nach: André Maurois, a. a. O., S. 79

36. K. R. Eissler: Goethe – Eine psychoanalytische Studie (1775 bis 1786). München 1987, Bd. 1, S. 225

37. Zitiert nach: K. R. Eissler, a. a. O., S. 227

38. K. R. Eissler, a. a. O., S. 226

39. K. R. Eissler, a. a. O., S. 234

40. K. R. Eissler, a. a. O., S. 214

41. K. R. Eissler, a. a. O., S. 258

42. K. R. Eissler, a. a. O., S. 212

43. Simone de Beauvoir: Das Alter. Reinbek bei Hamburg 1978, S. 272

44. Simone de Beauvoir, a. a. O., S. 275

45. Ulrich Beer: Glück in reifen Jahren. Rastatt 1989, S. 30

46. Zitiert nach: André Maurois, a. a. O., S. 411

47. Zitiert nach: André Maurois, a. a. O., S. 406

48. Zitiert nach: André Maurois, a. a. O., S. 407

49. Zitiert nach: André Maurois, a. a. O., S. 408

50. Friedrich Nietzsche: Also sprach Zarathustra. Vom Freunde. In: Werke. München [5]1966, S. 320

51. Friedrich Nietzsche, a. a. O., S. 321

52. Briefwechsel Franz Grillparzer mit Katharina Fröhlich. In: Archiv des Herzens – Partnerbriefe aus neun Jahrhunderten. Angela und Andreas Hopf (Hg.), München 1988, S. 231

53. Briefwechsel Franz Grillparzer mit Katharina Fröhlich, a. a. O., S. 231

54. Marie von Ebner-Eschenbach: Meine Erinnerungen an Grillparzer.

In: Dichter über Dichter – Literarische Portraits. Peter Goldammer (Hg.), München 1976, S. 276

55. Marie von Ebner-Eschenbach, a.a.O., S. 270
56. Marie von Ebner-Eschenbach, a.a.O., S. 276
57. Marie von Ebner-Eschenbach, a.a.O., S. 296
58. Rosemarie Welter-Enderlin im Interview. In: Brigitte 10/1990, S. 171
59. Verena Kast: Verluste schmerzen. In: Trennung. Hans Jürgen Schultz (Hg.), Stuttgart 1984, S. 146
60. Verena Kast: Trauern. Phasen und Chancen des psychischen Prozesses, Stuttgart 1982, S. 7
61. Peter Schellenbaum: Das Nein in der Liebe. Stuttgart 1984, S. 132
62. Peter Schellenbaum, a.a.O., S. 123
63. Martin Dannecker: Das Drama der Sexualität. Frankfurt/M. 1987, S. 26
64. Martin Dannecker, a.a.O., S. 26
65. Herrad Schenk: Freie Liebe – Wilde Ehe. München 1987, S. 191
66. Martin Dannecker, a.a.O., S. 17
67. Alice Schwarzer: Simone de Beauvoir heute. Gespräche aus zehn Jahren, Reinbek bei Hamburg 1986, S. 48
68. Marie Brizard: Das intellektuelle Paar des Jahrhunderts. In: Kristine von Soden (Hg.): Simone de Beauvoir. Bilderlesebuch. Berlin 1989, S. 60
69. Marie Brizard, a.a.O., S. 60
70. Margarethe Mitscherlich: Liebe lebenslänglich. In: Emma, Februar 1983, S. 30 f
71. Alice Schwarzer, a.a.O., S. 49
72. John Weightman: Times Literary Supplement. 25.3.1981, S. 1482. In: Marie Brizard, a.a.O., S. 61
73. Helm Stierlin: Das Tun des einen ist das Tun des anderen. Eine Dynamik menschlicher Beziehungen. Frankfurt/M. 1971
74. Helm Stierlin, a.a.O., S. 73
75. Marie Brizard, a.a.O., S. 60
76. Martin Dannecker, a.a.O., S. 17
77. Martin Dannecker, a.a.O., S. 18
78. Volkmar Sigusch: Vom Trieb und von der Liebe. Frankfurt/M./New York 1984
79. Volkmar Sigusch, a.a.O., S. 12
80. Alexander von Gleichen-Rußwurm: Freundschaft. Eine psychologische Forschungsreise. Frankfurt 1911
81. Alexander v. Gleichen-Rußwurm, a.a.O., S. 60

82. Johann Wolfgang von Goethe: Die Leiden des jungen Werthers. (Hans Christoph Buch, Hg.), Berlin 1982, S. 91

83. Peter Handke: Versuch über die Müdigkeit. Frankfurt/M. 1989, S. 20

84. Keith E. Davis: «Liebe ist: Freundschaft plus». In: Liebe, Freundschaft und so weiter, S. 57 ff

85. Keith E. Davis, a. a. O., S. 57 ff

86. Sam Keen: Die Lust an der Liebe, a. a. O., S. 238

87. Sam Keen, a. a. O., S. 238

88. Sam Keen, a. a. O., S. 238

89. Sigmund Freud: Das Unbehagen in der Kultur. Frankfurt/M. 1978, S. 394

90. Elisabeth Gitrano: Auf ewig scharf. In: Cosmopolitan, Nr. 1/1989, S. 50

91. Elisabeth Gitrano, a. a. O., S. 51

92. Elisabeth Gitrano, a. a. O., S. 51

93. Peter Schellenbaum, a. a. O., S. 99

94. Peter Schellenbaum, a. a. O., S. 99

95. Peter Schellenbaum, a. a. O., S. 103

96. Peter Schellenbaum, a. a. O., S. 104

97. Peter Schellenbaum, a. a. O., S. 105

98. Novalis, zitiert nach: Gerhard Schulz: Novalis. Reinbek bei Hamburg 1969, S. 48

99. Zitiert nach Gerhard Schulz, a. a. O., S. 46

100. Zitiert nach Gerhard Schulz, a. a. O., S. 46

101. Lucy Freeman/Kerstin Kupfermann: Verrückte Fantasien. Tagträume und ihre Bedeutung. Zürich 1989, S. 69

102. Margarethe Mitscherlich: Das Ende der Vorbilder. Vom Nutzen und Nachteil der Idealisierung. München 1978

103. Margarethe Mitscherlich, a. a. O., S. 19

104. I. und J. Stone: Dear Theo. London 1937, S. 35

105. Margarethe Mitscherlich, a. a. O., S. 20

106. Margarethe Mitscherlich, a. a. O., S. 201

107. Lucien Israël: Die unerhörte Botschaft der Hysterie. Basel 1983

108. Lucien Israël, a. a. O.

109. Michael Lukas Moeller: Die Liebe ist das Kind der Freiheit. Reinbek bei Hamburg 1986, S. 48

110. Roland Barthes: Fragmente einer Sprache der Liebe. Frankfurt/M. 1984, S. 149

111. Bertolt Brecht: Geschichten vom Herrn Keuner. In: Bertolt Brecht: Prosa. Frankfurt/M., 1980, Band 2, S. 386

112. Francesco Alberoni: Weibliche Erotik, männliche Erotik. Was ist das? München 1987, S. 172

113. Francesco Alberoni, a. a. O., S. 175

114. Benoîte Groult: Salz auf unserer Haut. München 1989, S. 19

115. Benoîte Groult, a. a. O., S. 29

116. Milan Kundera: Die unerträgliche Leichtigkeit des Seins. München 1988, S. 50

117. Elisabeth Badinter, a. a. O., S. 257

118. Waltraud Anna Mitgutsch: Das andere Gesicht. Zitiert nach: Eifersucht – ein literarisches Lesebuch. Barbara Bronnen (Hg.). München 1987, S. 137

119. Sigmund Freud: Über einige Mechanismen bei Eifersucht. In: Gesammelte Werke, London 1940, Bd. 13

120. Hildegard Baumgart: Eifersucht läßt sich aushalten. Ein Gespräch mit «Psychologie heute». In: Liebe, Freundschaft und so weiter. Weinheim/Basel 1989, S. 125

121. Hildegard Baumgart: Eifersucht läßt sich aushalten, a. a. O., S. 129

122. Hildegard Baumgart: Eifersucht läßt sich aushalten, a. a. O., S. 126

123. Hildegard Baumgart: Eifersucht läßt sich aushalten, a. a. O., S. 132

zu zweit

Lonnie Barbach
Mehr Lust
Gemeinsame Freude an der Liebe
rororo sachbuch 8721

Elena Gianini Belotti
Liebe zählt die Jahre nicht
Wenn Frauen jüngere Männer lieben
rororo sachbuch 8735

Marina Gambaroff
Utopie der Treue
rororo sachbuch 8717

Toni Ihara/Ralph Warner/
Hans Martin Dzierma
Ehe ohne Trauschein
Ein Rechtsratgeber
rororo sachbuch 8731

Elisabeth Müller-Luckmann
Die große Kränkung
Wenn Liebe ins Leere fällt
rororo sachbuch 8720

Jürg Willi
Die Zweierbeziehung
Spannungsursachen/Störungsmuster/
Klärungsprozesse/Lösungsmodelle
rororo sachbuch 8716

C 2377/2